献给

生活在这里的人

THE GROWTH
OF A NEW TOWN

走进 梦想小镇

沈老板　著

ZHEJIANG UNIVERSITY PRESS
浙江大学出版社

这是一张拍摄于项目开发初期（约2003年）的照片，照片记录的是这片土地的地貌被发展商改头换面前的样貌，缓坡、丘陵、茶园以及远处的村庄，设计团队在思考的是，这么多地面被硬化以后势必会改变这里的水文条件，比如地下水的渗入，从而影响居住在这里的植被、气候、人以及整个局部的生态环境，于是决定从对自然影响最小的方向入手。

加拿大CIVITAS 事务所的主设计师Joseph Hudra先生，他年事已高，当时在项目定位时花了3个月时间，爬遍了良渚文化村的的25座山丘，手绘了这张最早期的项目总体和景观规划的方案。左下角托着下巴微笑的是杭州万科的总建筑师——丁洸。

下图是最为早期的良渚文化村的规划方案，"一条珠链串联起来的八个村落""绿色手指从山峦一直延伸到水系"，红色的方块代表商业，黄色的方块代表住宅，原本白鹭郡是小镇的商业与生活中心。

这是良渚文化村最早期的Logo，出自杭州精锐广告的手笔。左边的意向是九宫格里的土地，色彩用了土地和自然的颜色，右边"良渚文化村"的字体也是俊秀隽永，还有下面的英文New Town，"新型城镇"的翻译是最为准确的诠释。

安藤忠雄来踏勘文化艺术中心的地块，就是在这里，他说："我的建筑不能输给前人，要对得起这里的青山绿水。"

保罗·安德鲁是浙江大学建筑学院的客座教授，他来到文化村了解了文化艺术中心的方案，与老友安藤隔空相望，说："我喜欢那条线。"他说的是大屋顶的那条线。

作家余华（左一）、余秋雨（左二）2002年应邀来良渚作为文化顾问时的照片。右二是当时良渚镇的书记，而陈军（右一）则是以浙江省作家协会副主席的身份"下海"进入了南都房产。

　　首届跑村赛出发的照片，第一次组织便得到村民们的喜爱，因为我们发愿"发展体育运动，增强村民体质"，社区的人们用脚步丈量自己的社区，有朝一日，我们希望在每天的任何时候，都能看到有人在社区里奔跑。

　　最早的"老杨肉夹馍"开在白鹭郡东的门口，老杨师傅是业主的父亲，来自山东，赋闲在家，便开了这个肉夹馍的路边摊。这张照片是万科的管理者考察老杨肉夹馍，图里的人有的还在服务于这个社区的设计，有的已经离开，但是这种体验过觉得好才引进的客户理念，是值得今人学习的。

　　这是著名的"给车娘撑伞"的照片，照片的拍摄者是刘德科。当时在下雨，车娘没有穿雨衣，后座上伸出一把伞，体现了关爱和与人为善。当时我把照片转发到朋友圈，我的朋友"兔子"留言：这不就是我嘛！

这里是独一无二的、自然的山水，无法复制。

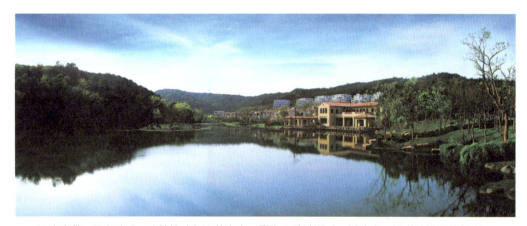

远山含黛，百鸟鸣唱，建筑掩映在浓荫之中，矗立于碧波湖畔，铺陈出一幅世外桃源的长卷。

郡西室外

村里的教堂，可以为村民举办婚礼。每周二和周六，村民还可以在这里聚会。这是一座木结构的建筑，由日本的津岛设计事务所团队设计完成。

社区图书馆

江南驿青年旅社 江南驿餐厅

村民食堂

玉鸟菜场

村里的会所，有五星级标准的游泳池、健身房、中餐厅西餐厅、瑜伽室和儿童乐园

村里的五星级度假酒店，村民卡打五五折。

小镇的核心商业区—春漫里

良渚博物院内庭

文化艺术中心

村里村外一共有4个公园，多
个登山步道

给《小镇生长》

2014 年，我第一次参观了良渚文化村。那时，我是浙江大学客座教授，这就像一个邻居的初次拜访。

我已不太记得是谁安排了这次的参观，我也不知道我将会有何发现。陪同我的是浙江大学建筑设计院建筑设计师彭荣辉，其实他只需负责我的交通、住宿以及出行路线等这些简单的事情就可以了，可是他却为我做了更多他的责任之外的事情。他告诉我，这里是一个中国大集团公司做的试验性项目，我一定会觉得很有意思。

一个"大集团"和一个"村庄"，这两个词结合在一起让我觉得很奇怪。在茁壮成长、不断有新项目涌现的中国,在比 15 年更长的时间里,我从未停止过发现。"大集团"只会做大的城市区域,即使我看过小城市,可是我从未看过村庄,只有很少的一些是旅游型村庄。有一个小村子在丽江的旁边,它的一些地方,让我想起我年轻的时候,在 Pyrénées(法国比利牛斯山)度假时的那些法国小村庄。可是这两个地方都是属于过去的时光。

我看到的良渚文化村,它从形态、大小和创新上与中国的或法国的古村庄都很不同。这是一个中等大小的现代整体建筑群,周围种植了很多绿色植物,它们在一起组成了一个通透的山水。虽然是重建的山水,可是比我最近看过的其他任何地方的项目,或者我曾经看过的所有项目都要更注重保护和尊重自然,这让我想到另一种极端:密集型住宅——千篇一律的复制,常常是建立在被摧毁的自然之上的,或者是被关闭和监视的小区,以及一些所谓外国风格的豪华别墅分散在没有被精心规划设计过的花园中。

从人们告诉我的话里,我明白他们的首要目的是在寻找一个让集体生活可以更好地延续和发展的地方,那就是为什么良渚文化村仍然在试验,是为了未来,一个村庄:一个场所和一种关系。

从我去过那里一直到现在,我仍然记得那种宁静、平和的氛围,所有的建筑设计得都很好,没有一点夸张、无用的设计,它们和树、水、道路等周边环境相适应。是不是在今天人们还可以这样生活?谁是这里的居民?他们在这里做些什么?他们的交通、出行如何?他们怎么和这个区域、这个省、这个国家的社会、经济、市场相联系、相融合?

所有问题的答案都在沈先生写的这本书里,从这个村庄刚刚出生开始,他就已经积极地参与到了它的建设中来,他会回答所有的问题。

对我来说,我很清楚,这个村庄是一个试验性的"乌托邦"。我知道一个乌托邦从不会发展成一个城市、一个省或者一个国家的大小,可是我同时坚信,通过这个试验,将有助于打破人们固有的一些习惯和信念,比如:时间太紧急,资源和能力太少,或者对金钱的贪婪。

从这个打破的裂痕中将会释放出思想。历史表明,乌托邦从不是独自持续发展的,可是乌托邦的实验有点像城市规划的干细胞:通过分析它们所适应的结果,和对符合经济、生活的不同需求,它们的后代是可持续发展的。

无论良渚文化村的试验结果是如何的好,我仍然相信在这本书里所描述的探索,渴望建立一种平衡生活的精神和态度远比这个结果更美好、更重要。

法兰西学会成员,
中国国家大剧院建筑设计师

保罗·安德鲁

于巴黎 2015 年 11 月 2 日

(杨莉 桑凡 译)

为人们塑造一个真正的社区

今天,无论在西方还是东方,我们都面临着同样的挑战——怎样营造更加可持续的城市、小镇和村庄,使它们生态、安全和健康,使人们在里面愉悦地生活和工作。这个问题的探究意味着要寻找和确定适合 21 世纪的新的城市学形式。

我个人作为从业已有 40 多年的建筑师、城市设计师和社区规划师,并且在欧洲完成了许多合作式场所营造和城市更新项目的经验,只有将公共部门、私营部门以及社区才智、能量和投入充分融合在一起,才能创造新的可持续的场所。

我们相信人们可以在塑造他们生活和工作的空间上起到决定性的作用,而且我们也发展了参与式规划的很多技术,运用到小型和大型项目以及从概念到长期运营管理的全过程。

7 年前,当我第一次访问中国并在这个国家寻找项目机会时,给我印象最深刻的是这个国家致力于改变城市以更好地提升人们的生活。"更好的城市,更好的生活"是上海世博会鼓舞人心的口号,鼓励在当今加速发展的全球城市化进程中倡导创造性的新方法。

从那以后,我的事务所 JTP 在中国许多地方进行了实践,包括新城规划、老工业区改造以及创造混合使用的社区。当这些新的住区开始设计实施时,我们能够运用和在欧洲同样的参与式设计的方法,和逐渐成长的社区合作,更好地理解人们的诉求和需要。

在 2014 年,杭州一个具有高质量生活品质和社区生活的新城吸引了我的注意。通过伦敦中国设计中心的介绍,我有机会第一次到良渚文化村,参观这个建立在 5000 年良渚文明之上、被美丽的山丘环绕的小镇。小镇在 2000 年代初开始建设,已经有 10000 人入住,预计将来还有 40000 人来此居住。

我非常高兴和惊讶地发现,不同于中国的典型的新的开发项目,良渚的新住区表达了丰富的文化内涵,非常尊重周围环境景观,注重社区的社会关系以及居民的身心健康。在中国能够发现这样一个场所让我感到非常兴奋,在开发物质空间环境的同时注重社区精神的营造,这在西方也是罕见的案例。

2015 年夏天,JTP 受邀在良渚文化村进行社区参与规划,邀请居民和当地的利益相关者一起参与,总结已经取得的成就和未来若干年整个开发在逐渐完成的过程中需要解决的问题,包括小镇长期的领导和管理。

走进梦想小镇

和良渚文化村社区一起工作是一个美妙的经历,居民们展示了他们的能量、热情和能力,一起创造共同的美好,而不是接受默认的解决方式,即只依靠开发商和政府来建造社区。

我们发现这个社区参与过程和我们在西方国家进行的社区参与的最佳案例一样具有启发性。

这是一本重要的和不寻常的书。它是作为良渚文化村"村长"六年的沈先生根据直接的观察和感悟用心写成,他管理的小镇从早期的试探性的新建宅区阶段到如今成为一个人们热爱的场所,并且许多人都对社区生活做出了自己特别的贡献。

这本书通过 63 个故事描绘了小镇的生长,从小镇的幼年到半成熟状态,触摸到了人们的个性和愿望,需要解决的矛盾和整个的事情发展由于许多不同背景的人来演绎,从而共同创造了具有自己个性和特色的社区。

从公元前 3000 年的文明荣耀到如今成为城镇发展的国际样板,良渚文化村在属于它的时间再度成为一个传奇,综合了最优秀的思考和设计,实施和创造了特别的正能量的集聚。

这包括在一开始形成的愿景,充分尊重和反映了当地的文化历史和景观;还包括实施了一系列为社区服务的完整的社会、经济和环境设施,包括商业中心即商店、餐馆、办公和办公,社区文化、教育设施即学校、图书馆、博物馆、教堂、志愿者中心还有一家医院和老年公寓。

一些服务设施由国际著名建筑师设计,与经济和物质形态方面的塑造同步的是管理团队花了大量的时间集聚了村民的热情,包括那些希望参与经营商店或者管理社区服务设施的村民,成了为邻居提供帮助的另一种形式。《村民公约》也由村民自己制定,定义了文明的村民守则,在中国的社交网络上广为传播并引发了热烈讨论。

良渚文化村的案例为当前中国东南沿海地区城市发展面临的社会经济挑战提供了启发性对策。我诚荐这本书给大家,不仅给中国和国际上的开发商、城镇管理者、规划师、建筑师以及控制监管部门,而且给所有希望能积极参与创造他们自己所在社区的人。

英国城市学学会荣誉主席

约翰·汤普逊

记录小镇故事

良渚文化村的许多故事已经被很多人知晓。迄今为止经历了 15 年的开发,从硬件到软件的建设过程已经有不少的介绍。前 5 年的南都,后 10 年的万科,从最初的规划设计,逐年的配套建设,服务体系的建立,村民参与的形成等各个方面,都是一个个追求理想居所社区的故事。尤其是文化村近 10 年的变迁,得到了社会各界很多的评价。

记得 3 年前《新建筑》杂志在采访我的时候,我重点讲到了为什么我们在良渚文化村的各种实践能够成功,总结起来也就是天时、地利、人和,加上一群参与者为打造"一个梦想居住的地方",坚持"好房子、好服务、好邻居"的理念,充满激情的追求过程。

　　在这一过程中，作为参与者之一的本书作者，经历了很长时间的对人和事的观察，参与了无数次参观接待、研讨活动、对话交流，不知不觉有了想记录一些人和事的冲动，不知不觉有了"沈老板"公众号，不知不觉一篇篇生动的记录良渚生活的人和事的故事开始引人关注。有了这些人和事，良渚文化村的社区形成变得更加真实、更加丰满、更加立体起来。

　　从书中的小故事可以看到，良渚文化村作为万科营造理想社区的一个典范案例，如何逐步由一个个人、一件件事串联起来。任何一个成功的案例背后，都离不开一个个鲜活的人和事，这也是这本记录小镇故事的书的价值所在。

万科集团董事会主席

王石

最初的村民

要我给"沈老板"的大作写篇序言,写什么呢?
就写写我作为良渚文化村最初的村民的生活吧。

2008 年农历新年,我把父亲母亲从临海乡下
接到杭州。汽车从高速公路下来,驶上繁忙而寂寞
的 104 国道。又开了 2 公里,车子闪进一条竹子掩
映的乡村公路。接连两个转盘之后,车子开进了白
鹭郡北的大门,然后一路弯弯曲曲上坡,最后,车子
在一片树林前停下,右侧是和山林融为一体的我们
的家。父亲忧心忡忡地从车上下来,说:"从乡下
来,没想到又回到了乡下。"

初来乍到的父亲觉得良渚文化村太像临海老
家了。

我每天就这样先走高速公路,然后走 104 国道,再走乡间小道,回家。我选择在这里安家,多半是因为脑海里对故乡的记忆。回到这里,就像回到了童年生活的村子。当父亲母亲也来和我们一起住的时候,这种感受就更加强烈了。我喜欢这种感受。

我们也许是良渚文化村最先入住的村民。2006 年 12 月 31 日拿到房子,第二天敲墙开始装修;次年 7 月 1 日,在一番仪式之后,我们住进了文化村。

我们入住的时候,村子里几乎看不见人影,每天与花草树木和各种虫子为伴。

这里的飞虫似乎还不怎么认识人类,成群结队地堵在我们前面,撞击我们的脸。我随身带着一把蚊拍,蒲扇一样挥舞着,所到之处,是一阵阵噼里啪啦的声音。虫子终于不敢近身,只是远远地围着转。

最难对付的是臭屁虫。一年四季,房间的墙壁,浴室的玻璃、纱窗都爬满了臭屁虫。你不能吓着它,更不能打死它——会臭死你的。在用尽各种方法之后,最后我们采取了一种比较温和的办法——用柔软的面巾纸捉住它,像粽子一样包得严严实实,迅速扔进垃圾桶里。

2008 年 8 月,儿子在良渚文化村降生,我们发现了臭屁虫的妙用。寻找臭屁虫、捉拿臭屁虫成了每天最令儿子激动的游戏。一旦发现臭屁虫,儿子就会两眼放光,咿咿呀呀地指挥我们把虫子拿下。后来他自己会走路了,最喜欢的游戏仍然是捉拿臭屁虫。

我们的房子是西边套,站在窗前,可以看见整座山脉从不远处一直绵延到房子的两侧,悠园就被它们紧紧地环抱着。悠园正中间,有一座四方形的凉亭。我

走进梦想小镇

们经常坐在那里,春天听雨,夏天乘凉,冬天看雪——其实大多数时间,都只是傻乎乎地坐在那里,虚度时光。悠园的南边,一半是原生的树林,一半是新铺的草坪,有时,我会和儿子在那里把皮球当足球踢。悠园的北侧,是新植的茶园。沿着茶园中间的台阶拾级而上,是一扇通向山上的铁门。周末,我经常走出这扇门——不,是走进一扇通往寂静、纷繁的乡野山间的门。

出了门,原本是当地农民的地盘。但自从良渚文化村出现以后,当地农民搬走了,外来的"村民"开始进驻,废弃、荒芜的田地被重新开垦。你在乡野山间行走,经常会看见正在地里忙活的戴眼镜的人们。一个周末,在茶语古道的走廊里,我遇见四位正在闲聊的文化村"村民",他们的老家分别在山东、湖南、江西和江苏。这真是当代城镇变迁的奇迹。

在现在的随园嘉树小区的位置,曾经是临时菜场。但更多时候,我会开着车到良渚镇上去买菜。那里的菜场足够大,在菜场的西南角,每天早上会有很多农民在那里出售自己家的蔬菜、水果、土鸡蛋。我通常会买够吃一个星期的菜,把一台对开门268升的冰箱塞得满满的。

村子里陆陆续续搬进一些拖家带口的村民——老人、年轻人、孩子。白天,年轻人上班去了,老人和孩子留守在村子里。傍晚,年轻人下班回家了,老人和孩子就聚集在村口,不时地朝小区大门张望。

有一次我遇到万科的吴总,我说:要是村口放几张桌子、几把椅子,那该有多好。

不久,白鹭郡门口喜事多便利店的门前,果然就多了几张桌子和椅子。那里成了老人和孩子们最喜欢待的地方。

　　以上这些,都是 2009 年以前的记忆。2009 年,因为儿子要上幼儿园,我们搬回了城里。但是周末,我们会回到良渚文化村住。每次去,都会发现村子又不一样了。村子越来越大了,越来越多的亲朋好友住进了这个村子。寂寞的村子正变得越来越热闹。出了小区大门,除了乡野山间,有越来越多的热闹的地方可去。是啊,它是村子,可是,它也是城市的一部分。也许,这正是它的魅力所在吧。

　　对我来说,最难忘的,仍然是 2009 年以前的日子,那是我生命中最珍贵的记忆。

19 楼创始人

林煜

我做村干部

2004年冬天,我从英国的项目管理专业毕业,回到家乡杭州找工作。在杭州一位德高望重的媒体领导的引荐下,我面试了当时的南都房产。我与一位副总经理唐华明交谈,并坦诚地问他:"男怕入错行,女怕嫁错郎,我目前还在选择行业,不知道房地产业是否可以"唐华明回答说:"房地产行业健康地发展10年没有问题。"他当时是良渚文化村项目的总经理。

后来我进入另一家房地产公司担任营销企划。在一次海外归国人员高端人才面试会上,我与一位建筑设计师背景的同班同学一起再次面试了南都房产,当时的人事部经理叫陈碧波,而我应聘的岗

走进梦想小镇

位是景观规划师,要求有英语教育背景,参与的也是文化村项目。当时我的同学更有优势,但他后来因为个人原因没有去。

2005年第一次来到良渚文化村是"踩盘"(房地产业考察项目的说法),我和当时的策划部经理张新宇一起,以购房者的名义坐着看房车来到文化村。当时的白鹭郡北刚刚开始建设,带我们看房的销售员叫黄浙英,南都房产的销售员都以身材高挑、相貌姣好闻名杭州。

从那时候起我开始关注这个与自己有共鸣的项目,看了《走进中国良渚文化村》和《良渚理想》两本书。我在书里看到了良渚文化村的缔造者们把自己的人居理想在这片有数千年历史的土地上建筑实现,甚至提出要做"世界人居的典范"。

2007年7月,我加入万科,买了心仪的大卫·奇布菲尔德事务所设计的小区——白鹭郡东,正式成了村民。不久,文化村就因为房产市场下滑,陷入了万科降价带来的客户投诉风波,项目销售与公司声誉跌入谷底。我经常因为买了文化村的房子而被同事调侃,说这房子远看像厂房,住在里面像铁板烧。

2008年年底,万科上海区域副总经理周俊庭受命任杭州万科总经理,不久后我成为他的业务助理,开始间接参与到文化村的"周氏改造计划"当中。从"0951行动"开始,对着一张100多项改造计划的实施表格,目睹了万科的团队一刀一斧雕琢着这个8平方公里、已开发了10年的项目。

2012年4月,我调任项目助理总经理,作为"文化村干部"接过了艾飞的接力棒,成为文化村配套设施的建设与运营者。在3年的村干部生涯中,我站在巨人的肩膀上,经历了旁观者、亲历者、建设者、管理者的身份转变。"脚踏实地,仰望星空"是我在主管文化村公共与商业设施时给自己的座右铭与行为准则。

村里邻居们都叫我"沈老板",而我也堂而皇之地把这个名字作为微博和微信的名称,并不断地迎来送往各方来村里的客人,其中有大家熟识的安藤忠雄、保罗·安德鲁、丹尼尔·李布斯金、原研哉、深泽直人、承孝相、黄永松、宋卫平……在与他们的对话交流当中,我更感受到今天这份成果的来之不易与自己肩上的责任。

如同韩国建筑师承孝相来参观后说的:"我在这里看到的是穷人、富人、老人、小孩都找到了一种安心稳定的生活方式,而这份理想人居之梦,不仅是杭州的、世界的,更是全人类的。你们是在建设一个社群。"

我感悟到文化村对社会的价值,对当今中国新型城镇化的建设、卫星城市的开发、社区社群的活化、基层民主建设的贡献。之后,我便萌生了写作这本书的想法。

我的使命就是将"中国神奇小镇"的人和事写在这本书里,还原并分享给更多的人,并向曾经参与建造这个"乌托邦之梦"的人们致敬,向《走进中国良渚文化村》《良渚理想》致敬,向建设中国美好人居之梦的伟大理想致敬。

让这一次致敬变成前行的号角,让这一声号角催醒沉睡的人们,我们践行的不是小国寡民的乌托邦理想,而是当下中国一个"新城市生活"的生态系统,一个"社区再造"的样本,一次"安居之梦"的追寻,一个"梦想居住的地方"。

向"村民"致敬

"村民"两个字,在当下的时代并不是那么时髦的一个称谓,于都市生活者而言,"村"意味着落后与土气,"民"意味着渺小与草根。但是这个词在良渚文化村有独特的含义,在这里"村民"是一种社区的身份认同。

2015年9月中旬,我出差到英国伦敦,参加一位友人的生日聚会,席间除了友人一家三口,还有两位在伦敦生活的华人。经介绍得知,一位是知名作家姜丰女士,另一位女士叫张文军,是浙江大学驻英国办事处主任。张女士说:"我是你们村民,我知道沈老板,我还关注了你的公众号。"

我当时有些不知所措,表示很高兴可以在海外遇见"村民"。她跟我说了很多：关于小区的感受、村民食堂、新项目及推荐朋友买房，还有对于取消村民卡的意见。张老师说："他们都要去游行了，我是不会去的，不过你们取消村民卡确实有些不太近人情了，我们对'村民'这两个字是有特殊感情的。"

我本人也是村民，最早推荐我买房的是一位叫张新宇的村民，我的领导中很多都是村民，很多村民也被我领导着；我的很多朋友都是村民，很多村民与我也都成了朋友。

我总结出，生活在良渚文化村的"村民"有着统一的价值观：第一，亲近自然，愿意放弃都市便捷的生活来到远郊；第二，有乡愁，儿时多半都有在农村生活的经历，渴望回到童年；第三，热爱生活，金钱不是唯一的人生目标，有兴趣爱好，广交好友。

很多人都会对良渚文化村感兴趣，对这个中国城市化进程中绝无仅有的超级大盘产生好奇：是谁规划了这个项目？是谁建设了这个项目？为什么会发生现在的变化？当时怎么想？为什么做这个？为什么不做那个？

一位建筑师朋友跟我说，这个小区与众不同，因为这里是有"主人"的地方。用一句矫情的话来说，村里最美的风景是"村民"。

村民们在村里有着各种各样的分工：总经理、村支书、村长、老板、店主、学校校长、幼儿园园长、医院主任、教堂长老、寺庙住持、农庄庄主、图书馆馆长、菜场经理、食堂主厨、餐厅服务员、垃圾分类志愿者、电视台台长、杂志主编……

村民们有着稀奇古怪的名字：海老大、奇思妙想、王母娘娘、拿画笔的农夫、盈盈、温蒂姐、杰克叔叔、贝爸贝妈、哼爸哼妈、阿福、兔子、安妮、奇奇、老南瓜、叶子、TONY 大叔、莉丽、延安路、村支书、老杨、小杨、米多老板娘、老吴、唐员外、韩图图、棉花、郭老师、吴老师、村姑农妇、标哥标嫂、小牛、白鸟飞、七七、鸣蝉、Yuyu、小镇姑娘、小丸子、饭妈、葛少、毛毛、Lily、小罗、老梅、庐主、房子、引子……

村民们一起传播着小镇的生活价值：管自己叫村里的"布道者"，践行着村民公约，坚持车头向外停放，坚持把餐盘放到回收处，坚持营造着美好的事物，互助守望着这片土地。不管将来如何变化，我们都是住在这里的一群人，这里是我们梦想居住的地方。

这会是一本你了解中国梦想小镇生长的故事书，也是一本城市学的案例，是一本城市规划的建议书，是一本社群营建的工具书，更是一本邻里之间发生的故事会。

谨以这本书，向广大渺小而又伟大的"村民"致敬。

目 录
Contents

1

走进梦想小镇

2

走进梦想小镇

引 子
Primer

中国神奇小镇

2013 年夏天,在中国南部贵阳市南明区彭家湾的售楼处,几百万年前的恐龙骨架庞然而立,这种通常在自然博物馆看到的遗迹,成为了房地产建设者的销售展示道具,吸引了从各地赶来的参观者。

恐龙骨架的下面,购房者张先生焦急地不断看着自己手里的号码,这是购买房子的凭据,已经找了关系的他还是得在这里按照规则排队抽签,按顺序购房摇号,等待喇叭里传出他的号码。

张先生从贵州省偏远的乡村来贵阳打拼,十年下来,攒了钱想在贵阳安家,工资的增幅赶不上房价的上涨让他焦虑,这一年贵阳市的房价已经涨了

走进梦想小镇

一倍。像张先生这样的购房者不在少数,拥挤的人群与史前的动物骨架构成了一幅当代中国城市化的"侏罗纪公园"。

在城市化不到 30 年的中国,在 2014 年全国 GDP 排名第 82 位的贵阳市,一个房地产开发商联合地方政府,计划用 3 年时间就建造一座华美的城市,比香港还要现代化,比威尼斯还要美丽。要用 3~5 年时间,建设东方的魅力之都,这是中国发展的梦想,也是中国建设者的雄心。这个项目建成后将会有 10 万户家庭、40 万人口入住,是贵阳市人口的 1/10。

而结果还有待时间去检验。

在此时,远在洛杉矶的华人胡先生正在微信里饶有兴趣地阅读一条消息:"中国有这样一个神奇小镇",图文并茂地描绘了在杭州一个小镇的美好生活场景。胡先生想起自己的亲友——珊珊似乎就生活在这个小镇。他将信将疑地打了越洋电话,求证这一切是否真实。

胡珊珊是当时小镇餐厅——"村民食堂"的负责人,早年在法国留学,兼职做过导游,也做过 19 楼网站(杭州本地知名论坛)的版主,最后她选择了在这个小镇工作,也在这里生活,和父母、先生、女儿一起。她在食堂与烧饼油条打交道,她所写的《食堂大妈的快乐生活》一文曾感染了许多中国网民。

而这条微信"中国有这样一个神奇小镇"的发起者,网名"白鸟飞"的八零后年轻人也无法预料,帖子已创造 2000 万次的阅读量。

这是互联网时代信息快速传播的必然结果,更是中国人人居之梦的觉醒和对美好生活的一次呼唤。

第一章

美学的追求

壹

心想，事成

21世纪的科学发展提出了混沌理论，科学家们开始关注人，以及各类学科之间的交叉模糊地带。比如"心想事成"是我们经常说的一句祝福话语，而在当今物理学家眼中却同时属于人类学、社会学、心理学、量子物理学研究的范畴。

2011年春夏之交的夜晚，在朋友新宇的引荐下，我来到良渚君澜度假酒店，他假装神秘，不告诉我要见谁，只是说：我见了是积累福分。

我带着好奇来到酒店，走廊尽头的客房飘来一股奇特的香味，我后来才知道，这是为了迎接高僧大德下榻专设的焚香仪式留下的味道。

我进入客房，房间里站了很多人，客厅的座椅上坐着一位老者，旁边是他的护法。这位正是藏传佛教密宗宁玛巴的大德"直美信雄"大士，在座的人都称他为"大活佛"。大活佛身体偏胖，一直坐着与一旁站立的人说话，外面陆陆续续进来一些访客，他们一一行跪拜礼，并可以提出一个问题。

我发现这些问答颇具禅机,在我这个外行人看来更像是一种教导和辩论。有的问题世俗却可爱,甚至有点像占卜问卦。有一个母亲问,孩子中考的考试成绩会不会好？活佛的回答让人一时难以理解,总要回去好好想想才行。

有一位女士,想必是文化村的村民,问道:

"大活佛,我想问一下,您远到良渚,这里自然环境也很好啊,山美水美。您觉得这里怎么样啊?"她的问题带有求证意味。

这个问题也是我常问到访良渚的客人的问题,当然很多的人回答都是出于礼貌,多是恭维之词。

这位活佛回答道:"好不好在于你的内心,如果你内心觉得这里是好的,那就真的是好的。"

早年在英国读书的时候,我会去教堂参加礼拜。我听到很多人说起祈祷的功效,甚至治愈了癌症。我相信奇迹的存在,不是因为迷信,而是更相信科学。

美国人布莱登的书《无量之网》,从量子物理学的角度阐述了人类似乎可以通过脑电波来构建一种意念与物质之间相互影响的桥梁。通过一种无形的"能量场",从而产生影响世界的神奇作用,而这种能量场是发源于地球的母体,输入一种"指令",而指令是关于"生活、爱与疗愈"。

这就是我们说的"心想事成"的原理。简单来说,心里老是想着、惦记着,那么所有身边的因缘、关系、事务都会围绕心里的想法而渐渐呈现,结果就真成了事。

汉传佛教的禅宗里面有一种大师与徒弟之间的禅机对答,叫作"公案"。公案是触发让修行的人参悟觉醒的机关,甚至是一种法门,其中也有哲学的答辩与思考。举一个例子：我们的中学课本提到，一个老和尚指着风中飘扬的旗子问，是什么在动？

一个小和尚说："旗动。"

一个小和尚说："风动。"

一个小和尚说："心动。"

教科书上说，心动是唯心主义，因为从唯物角度说，只有物质是存在的，因此第一个被否定；而风动是一种形而上的逻辑，最正确的答案其实是旗动。我们从小就被这样非左即右的答案所影响，其实很多问题是没有正确答案的，只是看你从什么角度去理解。

我本人更喜欢"心动"的回答，他指出了问题的根本——是师父的心动了。如果师父不是有心考验他们，就不会出此问题。如果不问，他们谁还能看到旗子被风吹动吗？

所以这不是简单的唯心主义或者唯物主义，既是唯心也是唯物。

作为一种新生活的创造者，我们应该明白世界存在"心想事成"的可能性。改变自己的工作态度，然后在每一天的工作中把这些理念转化为一个个作品、一个个事件，这不就是随着你的心动，周边的物件也动了起来吗？

如果我们管理者内心有非常坚定的信念以及清晰的路径，相信这样的未来必定会真实呈现出来，这就叫一种"愿念"，而这种愿念好比是一种因缘聚合的发动机，就如同一个磁铁一样，把所有的力量都聚合到一起，形成巨大的前进动力。

良渚文化村的社区公约——《村民公约》，这就是一种聚变的力量，动员了社区，聚合了人心。而这样的追求，放在良渚是适用的，放在更大的范围也是恰当的。

良渚文化村的意义并不是在偏安一隅的南宋皇城西北角重新构建了一个桃花源般的小镇生活的可能,而是在更大范围内展示出了一种人与人、人与自然、人与内心和谐共存的可能,一种美好内心聚合呈现的可能。

而这种可能,最早的发端必然是"心想"而后"事成"。

外物因心而变

作为一种新生活的创造者,我们应该明白世界存在"心想事成"的可能性。改变自己的工作态度,然后在每一天的工作中把这些理念转化为一个个作品、一个个事件,这不就是随着你的心动,周边的物件也动了起来吗?

大美不言

"良渚"二字的官方解释是"美丽的水中小岛",又曰美丽洲。

良,在甲骨文中写作，原本的意思是在宫殿两侧加通道形状。其造字本义是皇宫四周遮风挡雨、可以欣赏风景的走廊。蜿蜒的小路上有一座(或很多座)小亭子(可能是简陋的草棚,是遮风、避雨、纳凉的地方),给人带来方便,故有"善""好"之意。

《说文解字》里说:良,善也。

因此良这个字既有着"善""好"的意思,也代表着建筑的构筑物的本意,结合起来可以说是好的建筑赋予人好的生活。

有一个美国小镇的故事,我没有去考证过:

小镇位于美国一条高速公路旁边,居民不多,产业传统,以制作邮箱来维持生计。

走进梦想小镇

随着互联网的发展,传统的纸质信件都变成了电子邮件,很多人家都不再需要邮箱了,这个小镇渐渐失去了收入来源,日渐萧条。

可是小镇的居民们一直对邮箱保持着一种执着的热爱,继续制作,直到有一天,有游客发现了这个神奇的"邮箱小镇",并发在互联网上。小镇因此一夜成名,成了旅游胜地。游客远道而来,都会买个邮箱带回家作为装饰品。

我们常感叹那些国外小镇的美好,美丽的建筑,美丽的欧式花园,还有一些看不见的东西,是那些美丽的心灵。英国JTP事务所创始人、英国城市学会主席约翰·汤普逊先生说:"我们要学习一个地方,要先向这里的人学习。"

怀有一颗利他之心去做社区的建设、运营、管理,这是至关重要的原则。只有在利他之心的驱使下,才能将美丽的心灵在更为广泛的人群中播种并生长,产生共鸣。

如果心里只是想着怎样把房子卖出去,或者做一个更华丽炫目的示范区,亦或者想赚取更多的钱,赢得领导的赞许,那么你的心会被"名利"驱使,行为将变得短视,得不到长久的认同。

良渚文化村的"村长"老周曾经说过:我们今天做的事情符合社会的发展方向,在将来获得认同,才是最重要的。

我很欣赏那些把美写到愿景里面的企业,比如说万科的"让建筑赞美生命",比如说绿城的"真诚、善意、精致、完美",这些企业以及企业的创始人都是在追求美,将无形的追求转为有形的产品。

有一本书叫《世界上最丑陋的东西》,相对应的还有一本书叫《世界上最美丽的东西》,其中有一段:世界上最丑陋的东西就是纽约的麦当劳和巴黎的麦当劳,因为它们长得一模一样。而世界上最美的东西是那些雕塑、壁画、音乐、绘画,是那些人体、自然、天空、河流,是从自然和人体之中抽离出来的让人感到愉悦的东西,上帝造就众生,都是美丽的,却没有雷同的。

在古老的中国工匠精神中,每一件产品都会把匠人的名字刻在上面,后世之人都可以唾弃或瞻仰。因此完全可以理解,有人说造出丑陋的房子的人可以跳楼跳 N 次,他憎恨的并不是人,而是人在谴责被利益和权力欲望背后驱动下的丑陋与粗糙的行为。

怀有利他之心

怀有一颗利他之心去做社区的建设、运营、管理,这是至关重要的原则。只有在利他之心的驱使下,才能将美丽的心灵在更为广泛的人群中间播种并生长,产生共鸣。

叁
对土地的敬畏之心

良渚文化存在于公元前 4300—5000 年的环太湖流域，是新石器时代的初始文明形态，良渚的古人不但已经开始了高效的农业分工，有精湛的手工技艺，还有着独特的图腾崇拜——飞翔的鸟类。

因为觉得飞翔的鸟儿很神奇，而人类却不会飞，良渚人认为鸟是沟通天地的灵物，于是在石头上刻鸟，我们称良渚古人是"鸟人"，这一族群的人后来把鸟美化成了不存在的凤凰。

这些古人的生活，是博物馆告诉我的。

如果不是早先的规划团队将良渚文化在建筑中存放下来，我们今人又如何知道祖先这些精彩的故事、精美的物件？

"博物馆会引来重要的脚步"，这是南都房产的规划团队秉承的理念。

在新的博物馆建成以前，原先的良渚博物馆建在良渚镇上，是一个普通得不能再普通的区级博物馆,规模不大,馆藏较少。从良渚发掘出的最好的玉琮都馆藏在省博物馆,新馆建成后,逐渐有好的馆藏和活动进来,成了余杭区的一张名片。

据总建筑师丁沆回忆,南都请了全国最权威的博物馆设计专家,为了做这个博物馆,他们陪同专家一起去日本,一口气跑了十几个各种类型的博物馆,毕业于同济大学的建筑师几乎成了半个博物馆专家。由此可以看出规划和设计的用心。当时他们最常说的就是:要有敬畏之心。

山水画是中国文人的一种独特表达方式,当欧洲还在蛮荒地为领土和食物挣扎时,中国古代的文人已经开始关注自然和山水,把生活的意境融合在自然中,并以"天人合一"的理念来系统地理解人与自然的关系,以独特的透视技法和构图,配合文字来记录时代,表达情怀。因此在中国人的观念中,山水才是画面上的主要元素,人在画上很小,这是中国古代的哲学观。

而西方社会的价值观则是相反的,往往把人画得很大,山水只是陪衬,体现出人的能动性,人是自然的驾驭者。如今人们也在反思这样的价值观。

在传统的东方人心中,都有着对山水的寄托,把人看得很小,把自然看得很大。

其实我们在做规划的时候,也应该抱有这样的理念:土地已经存在千年,而我们只是沧海桑田中的一粒沙,我们要做的并不是去改变土地,而是心怀敬畏地去接受土地的本来面目。中国国画中有一个名词,叫"留白"。

2010年春天,时任万科集团副总裁的徐洪舸委派副总裁肖楠(人称"肖大")

走进梦想小镇

来到良渚文化村,他们是万科产品的先锋队,从第五园到十七英里再到棠樾,无一不是万科最有代表性的产品和营销的开山之作。我在刚入行的时候,把"骨子里的中国"和"我能与这个世界保持的距离"当作教科书来熟读。

当时万科集团要重新以产品立门户,于是试图接管各一线公司的"高潜力项目",操盘打造惊世骇俗并且能代表万科新一代水准的产品,而杭州的良渚文化村便成了这一次"走访"的争夺目标。

我第一天陪着刘肖和他的团队把白鹭郡西(现在郡西别墅)的基地、前山后山都爬了一遍,花去足足半天时间,在草丛里钻进钻出。那时未开发的土地就像迷宫一般,我们的鞋子上沾满了黄泥。回来酒店后,只听刘肖自言自语地说了一句:"这块地真下不去手啊!"

当然,刘肖开始对良渚文化村的评价也是毁誉参半:"这个项目都是跟鸟儿有关,什么鸟儿苏,什么白鹭。"

第二天,会议在良渚君澜度假酒店召开,集团大佬来开会,在星级酒店接待也是属于规格高的,但一进入会议室就觉得气氛凝重。刘肖一上来就表明来意,要周俊庭交出郡西的开发权。

只记得老周说了一句:"郡西这块地是良渚最好的地块,谁都能做好,这并不稀奇,你们都是万科集团的产品大拿,拿这块地做项目太显示不出水平了吧!"会议最后无终而散,这是万科集团和地方公司之间的一次暗战。

在万科化与本地化之间,良渚显得摇摆不定,其实谁来操盘并没有对错,对土地的敬畏都在双方的心中。良渚文化村就像一个被庇佑的小孩,一个不留神就突然长大了。

"土地的悬念"这句话来自作家余华。早在 2002 年,南都邀请余华和余秋雨来到良渚作为文化顾问。文化人在看土地的时候有他们独特的视角与情怀,当时他们写下了这些文字:

　　我从来没有见过一个文化遗址会这样美丽,这样水草丰美,这样地搭配匀亭。 一般的文化遗址展示给我们的总是人民离开的原因——因为实在不合适生活。 可能是气候突变,可能是战争,导致文化遗址上居住的断裂。 但是我所看到的良渚是一个可以栖息的地方。 5000 年以来,她一直是优良的栖息地,一直没有改变过。 这么一个传统的、高层次的、贵族的、富裕的居住区,在良渚产生了。 中国良渚文化村只不过把 5000 年优美的栖居做一个总结,做一个展示。 这里以后还会继续好下去,我们在做一个示范。

　　我非常希望,5000 年以来这个概念不断突出,提升 5000 年各种各样的文化荣耀。 5000 年的安居乐业,这个安居乐业从未动摇过,自然环境没有动摇过,青山绿水没有动摇过,居住方式没有动摇过,人文心态没有动摇过。 这一带就是过日子的好地方。

　　这也是南都房产的一个整体理念:在中国创造一个祖先一直在追求的安居之梦。 把 5000 年的富裕而优美的居住方式作为整体意念体现出来,并实现这种意念,这一点也不会辱没良渚文化,而且还会把良渚文化体现出来。 中华文明当然有它的青铜文明,狰狞、冷漠的青铜文明,但是我们要告诉世界,我们还有一种温和、玲珑剔透、娇小的文明，就像良渚的玉器。玉，有一种温润的感觉，一定是小巧亲切的。我们不要遗憾良渚文化中没有出现高大鼎器。我们的文明是中华文明的另一种形态，它属于江南，它属于长江流域，属于杭州湾和杭嘉湖平原。长江是温润的、亲切的，具有亲和力。其实现代史就是古代史，古代史就是现代史。我们是现代人，我不必有太多的历史文化的负担。现在浙江的风土人情，内心的节奏，就是良渚文化自然的延续。

——余秋雨

我在这块地的尽头感到了悬念。我相信将来这是一个有悬念的小镇。我感受到了地形的变化和惊喜。既然有悬念，在进入这个地方的时候你就会觉得有变化，包括建筑风格的变化和自然景观的变化。我觉得我们要把当今最好的建筑大师请来做设计，请世界一流的十大建筑师。建筑风格要完全不同，完全体现各自的个人风格，（这才）是他们的设计精华。每人设计一个区，这本身就是一个文化旅游精品。不用担心风格不和谐，两个好东西不管隔多少年代，隔多少距离，搬到一起都是和谐的，但同时又给我们带来变化和悬念。我看完地形后，觉得这真是个了不起的地方，比我想象中的要好。

另外，我建议建立博物馆，并且要有大的适合文化交流活动的会议中心。以后就在那儿设立"良渚讲坛"，请国内外重量级的人物来主持讲坛活动。我们的讲坛就设在展示5000年文明的博物馆里，讲台也许就是我看到的绿色的玉（琮）的形状。放一个良渚讲坛，那（良渚）将会成为非常有影响力的一个文化汇聚地。　我们要请等级高又有世俗影响力的人，那种让大家一听就震撼的人来演讲。　为此也许要成立一个合适人选的审核体系。

让良渚这地方不辜负它的文明发源地的说法，成为一个著名的人文讲坛圣地。

——余华

接受土地的悬念

其实我们在做规划的时候，也应该抱有这样的理念：土地已经存在千年，而我们只是沧海桑田中的一粒沙，我们要做的并不是去改变土地，而是心怀敬畏地去接受土地的本来面目。

肆
不输给前人

日本战国时期,群雄割据,战火四起,武田信玄活学活用《孙子兵法》,把自己的军队分为"风林火山",大意是"其疾如风,其徐如林,侵掠如火,不动如山"。人类最早向自然学习生存技能,以及行动的节奏,包括攻守的哲学。

有人曾问来到良渚文化村的日本建筑家安藤忠雄:"你来到良渚文化村的感受如何?"

安藤的回答只有一个字,取自"风林火山"中的一个字——"山"。

安藤解释道,日本是一个岛国,地震等自然灾害多发,因此在日本建筑师看来,人与山的距离通常不会如此接近。而且日本的建筑延续中国造物传统,使用可再生的木材,很少用不可再生的石材。

"石头也是山的组成部分。"安藤略带感叹地说,"日本盖房子很少用石材,那是不可再生资源。"

安藤忠雄于 2010 年 10 月 11 日来到良渚文化村,年龄已过七十岁,他穿着一件黑色高领套头衫,外面套一件灰色西装,像极了史蒂夫·乔布斯的牛仔裤与黑色套头衫,不一样的地方是安藤斜挎着一个墨绿色邮差包。

安藤先生不苟言笑,听万科上海区域副总经理付志强解说的时候一言不发。付志强是旅日建筑师,我们都亲切地叫他"付桑"。安藤有一个头发同样花白的助理建筑师紧随左右,这位建筑师是他的合伙人,也十分沉默寡言。

安藤忠雄在参观良渚文化村的时候,陪同者众,除了设计师团队,还有记者刘德科。刘德科是杭城有名的记者,才华横溢,写得一手好文章,也是安藤的粉丝,爱提一些尖锐的问题。

在参观完英国建筑师大卫·奇布菲尔德的作品——良渚博物院之后,刘德科问安藤先生:"您怎么评价大卫的建筑?"

安藤先生不假思索地回答:"我们建筑师之间会有一种默契,就是不相互评价对方的作品。"不过在最后,他还是忍不住露出了拳击手的本色,说道:"我的建筑一定不能输给前人,要对得起这片青山绿水。"这分明是在对大卫·奇布菲尔德下战书。

不输给前人,这是最朴素的竞技理念,也是拳击手的本色;对得起青山绿水,怀着一颗敬畏的心,这是建筑师的谦逊。我们在开发或者运营一个项目的时候是否这样想过,要怀着敬畏之心与竞技理念,不输给前人,对得起青山绿水?

安藤忠雄设计的文化艺术中心提出了"社区避难所"的概念。在日本,避难所的设计是城市设计中的规范,是民众在遇到灾难时躲避和维持生命的场所,而这样的场所设有储藏室,储藏着水和救灾物品。

走进梦想小镇

当然,文化艺术中心不仅是避难所,更希望给孩子一个难忘的童年,这是"大屋顶下孩子们的乐园",因此在文化艺术中心里面设置了"小剧场""会展""儿童绘本图书馆"和"培训教室"。安藤希望社区的小孩可以在一个大大的屋顶下活动并茁壮成长,有个美好的童年。而且这个屋顶看起来也很酷炫,俯视来看是一个 F-117 轰炸机的形状。

有一次我去日本北海道札幌市旅游,夜幕中我在市区的公园里散步,走到一处清水混凝土的建筑前面。建筑透着奇妙的灯光,我被光吸引过去,走进去一看,原来是日本作家渡边淳一的纪念馆,更为惊奇的是这个建筑正是安藤忠雄的清水混凝土杰作,而在博物馆尽头的一面墙上还挂着一幅安藤的手稿。

安藤的建筑就这样安静地隐匿在一处市政公园,里面不但有渡边淳一的书籍,还有很多他个人的写作历程以及文具展示。走下楼,里面坐着满满的人,台上有一位女士在朗诵渡边淳一的书。这是一处位于地下的小剧场,这样的社区文化中心生活就是我们的将来。

不输给前人

不输给前人,这是最朴素的竞技理念,也是拳击手的本色;对得起青山绿水,怀着一颗敬畏的心,这是建筑师的谦逊。我们在开发或者运营一个项目的时候是否这样想过,要怀着敬畏之心与竞技理念,不输给前人,对得起青山绿水?

伍
建筑师的本质

如果说建筑是凝固的音符,那么建筑师就是造物的诗人。

有的建筑师写书,讲的不是物理的建筑,而是心灵的建筑和童年的点滴,这就是法国人保罗·安德鲁,一位令人喜爱和尊敬的建筑诗人。

2013年6月20日,保罗·安德鲁慕名来到良渚文化村,当时他的助手——彭博士通过同事与我联系,我还特地上网搜索确认,没错,就是他——Paul Andreu,设计北京国家大剧院"安德鲁下的蛋"的那个安德鲁。

建筑大师要来看小镇。

大师的穿着都很类似,安德鲁那天穿得也像极了乔布斯——黑色衬衫和牛仔裤。有次我问原研哉(无印良品的设计师)喜欢什么颜色,他的回答是黑色。原因是黑色是一种背景,可以把其他人都衬托出来。把自己隐藏起来,把别人衬托出来,这才是大师本色。

走进梦想小镇

安德鲁先生在参观的电瓶车上提的第一个问题就是:"这里的道路是你们维护的吗? 这里的居民向你们交税吗?"我半晌没有反应过来,猜想是他觉得绿化和道路的打扫维护做得不错。

我回答得比较官方:"我们现在的道路是市政公路,目前由万科代为维护,将来是要移交给地方政府,而小区的业主给万科缴纳的只是物业管理费。"

"但是你们开发商不是有离开的一天吗? 如果当地居民不给你们纳税,你们怎么做到可持续呢?"

我无法回答他的问题,便与他探讨社区公共维护的问题。安德鲁先生说:法国小镇的地方政府是有权力制定地方税的,并通过议会来通过法令,用以维护当地的公共设施建设。

我带安德鲁参观了良渚博物院,一般外国人来都会先看这里。

陈军老爷子经常说,什么是文化? 文化就是一种活法。而博物馆就是把古人的生活方式集中存放起来的时间盒子,从那里你可以看到当时民众的审美,以及生活方式。

从博物馆走廊走到中庭,安德鲁突然蹲下,我以为他是在系鞋带,其实并不是。他是在仔细研究脚下的石材,因为那里正好有一个黑色的修补痕迹。

他站起来说:这个石材修补得并不好,破坏了原石材的材质,应该保持这样的破碎,因为破损本身也是一种历史的痕迹,我去过意大利,当地的很多老建筑就保留了石材破损的痕迹。不过他又说,当然这也会带来一些使用上的问题,女士的高跟鞋会不方便。

在走出博物馆的大门时,安德鲁观察到门框的石材被磕出一个角,他转头便说：这种脆弱的石材在转角处的拼缝很重要，因为墙角很容易磕掉，在法国就会采用一种被称为"鹰嘴"的拼缝方式，使石材与石材之间的转角在长期的使用中比较不容易损坏。

保罗·安德鲁让人觉得，他除了是建筑师，更是建筑维护的工程师，房子就像是他的孩子，生下来后还得养大成人。

第二站，我带他参观了美丽洲堂。他本人是基督徒，但是似乎对教堂不太感兴趣。安德鲁问我这里是什么教会，我告诉他是"基督安息复临日教"，这个专用词我当时不会用英语表达，只是解释：每周六做礼拜，相信基督会再度降临解救人类。他轻轻说了一句"Christian American Version"（基督教的美国版本）。

他急着想看安藤忠雄的项目，我领着他来到文化艺术中心的基地，告诉他就是这里。他俯身靠在桥栏杆上，望着印有安藤头像的工地围挡，沉思了一会儿。这时随行记者刘德科抓拍到了一张照片，并将这张照片命名为"安德鲁与安藤的隔空对话"。

我在茶舍给安德鲁做了一个 PPT 的演示，介绍了安藤的项目。他对这个项目赞誉有加，说他喜欢那一条"轻轻的屋脊直线"，并且对 F-117 隐形战斗机造型比较感兴趣，还给我们解释隐形战斗机的"隐形"原理。他认为安藤做了一个很好的项目。我趁机发出邀请，如果明年项目建成了，请他来做一次演讲。他毫不犹豫地说："Of course, as long as I live."（当然，只要我活着我就会来。）

在介绍方案的时候，他问了我们项目的预算，我告诉他总预算为 1 亿元人民币，他按照自己在中国做项目的经验估算了一下，觉得这个数字有些吃紧，如果不含软装和家具勉强可以。另外他还关心了小剧场的灯光设置问题，他说他设计的国家大剧院空间本来是很棒的,但是后期因为演出的需要架设了很多的灯光设备,破坏了空间的美感,很可惜。如果建筑师前期不把适合市场的演出设备考虑在内的话,会对整个作品产生很大的伤害,这是建筑师不愿意看到的。

中午,我们在良渚文化村村民食堂吃午饭,我们特地给大师准备了著名的"烧饼、油条和豆浆",安德鲁先生十分喜欢,他给我们讲了国家大剧院的设计故事。他说他起初在思考国家大剧院项目的时候,就想到了 humble 这个词,他认为在设计这样有深厚历史背景的建筑时,不应该突出地表现自我,而是设计一个很谦卑的建筑,因此他选择了弧度、镜面以及水面的组合,这样可以通过水面、镜面看到周边的环境。起初很多人不认同他的设计,现在看起来却是与环境最为融洽的,也是他最满意的地方。

他说他还会再来的。

走后,安德鲁给我们发了一封电子邮件,他评价道:"那种宁静、审慎和基础的质量,这正是我坚信的建筑师的本质。"我相信这是他对良渚文化村最为诚恳的褒扬。

后来我离开文化村,来到北京,与安德鲁先生的助理彭博士还保持着联系,他们依然关心地询问文化艺术中心建设的进度。

安德鲁先生还记得我们之间的约定。

建筑师的本质

那种宁静、审慎和基础的质量,这正是我坚信的建筑师的本质。

自然中的城市生活

伴随着房地产行业的 10 年大发展,当今的房地产开发商可以用"富可敌国"来形容,而财富的背后则是一种隐形的改变自然的能力。

这是一种以资本聚集型的投资来改变自然属性和社会属性的能力。一个个房地产项目如同一个个微型的帝国,从几十万平方米的小区做到几百万平方米的新型城镇,伴随着投资、销售和经营,开发商如同一方区域的"统治者"。

对于掌握着百亿元投资规模的"统治者"来讲,他们"有权有势",可以通过"投资"来改变一块土地的地貌以及数以万计的城市新移民的生活形态。

如果从这个视角看,是否会对我们的规划更心怀敬畏一些?不仅是对自然和土地的敬畏,更是对人的敬畏,而作为一方水土的"统治者",我们该如何打造并治理它?

可惜现今的不少开发商被资本裹挟,而资本的游戏规则是追求快速膨胀,追

走进梦想小镇

求短期收益,缺乏长远规划,因此很多开发商在拿到一块大规模的土地时并不是花时间去琢磨和研究规划,而是计算着财务成本,比如常会说:"我们每天扔进黄浦江几辆轿车,时间就是金钱。"

一块土地就这样被匆匆开工,匆匆建设,匆匆销售,匆匆交付,匆匆入住。新时代的移民匆匆开始了匆匆而漫长的"居住垦荒",谈何生活?

文化村最早的规划团队是南都房产集团,其在杭州是以理想主义和人文精神著称的开发商。在英国霍华德爵士的田园城市理论体系下,由30多人组成的中外团队历时4年规划论证,南都构建出复合田园小镇生活定位,并将良渚文化村的规划理念编撰成了一本厚厚的书籍——《走进中国良渚文化村》,这本书即使是在现在看来,也是一本指引着小镇如何往前走的宝典,可惜市面上已经很难找到。

当时在"付桑"的推动下,日本的《新建筑》杂志做了一次对于良渚文化村完整的建筑视角总结与梳理,当我跟他提及《走进中国良渚文化村》这本书的时候,他建议将该书再版。当我回去找本书编辑、精锐广告的张悦要书的电子版的时候,他回复说当时书的内容拷贝刻在一张光盘上,由于时间太久,光盘已经无法读取,或许这本书已绝版。

当时做规划的设计师是加拿大 CIVITAS 设计事务所的老先生 Joseph Hruda,据说当时老先生花了两个月时间爬遍了良渚的每一个山头,手绘了一张一人多高的规划图纸,而这张图纸最后成了良渚文化村在政府规划局的"控制性详细规划",变成了一种规划上的法令法规,以至于后期都无法再增加容积率或者密度,这也是一种保护性开发的方法。

绿色手指从山林延伸到了水面,保留了原有的道路和村落式格局,村落之间以步行的尺度、小区以人行的速度来规划,社区的配套和居住区都靠步行解决。似乎这一切的规划的原则都源自一位隐居田园的老者对于未来"乌托邦"的规划理念。

尽管我的学科背景不是建筑学,但当我在看到这一版本规划图纸以及《走进中国良渚文化村》一书的时候,还是深深地被那种理想主义情怀所打动。

十年后,Joseph 先生再次回到文化村,我有幸和万科的建筑师方海锋一起接待了他。我带着 Joseph 来到竹径茶语会所临湖轩的露台上,我们一路上都在与他探讨规划的实现度问题,我问他:"时隔十年,你感觉良渚实现了您的规划吗?"

Joseph 先生并没有直接回答我,他朝着我微笑,左手放在嘴唇上,做出"嘘"的姿势,右手指着耳朵。我明白他的意思是让我不要说话,仔细聆听。我们都不说话了,身边的声音渐渐清晰起来:我们听到了风吹过树林沙沙的声音,竹林里藏着的各种鸟类的鸣叫,原来这就是文化村最早规划的建筑师和景观师在努力实现的东西。

用 Joseph 先生的话来说:"你们已经实现了'自然里的城市生活'。"

柒
好房子、好服务、好邻居

好房子、好服务、好邻居,现在已经成为万科集团在全国的产品口号,通常被简化为"三好"。这"三好"也是诞生于良渚文化村,而它的创造者就是文化村"村长"——周俊庭。

周俊庭是杭州万科的第三任总经理,也是良渚文化村当之无愧的"村长",打造"中国第一小镇"出自他的动议,"一个梦想居住的地方"出自他的人居理想。

有一次,老周去日本考察了一家广告公司LIBRO,该公司的老板是一名日本摄影师,专长拍摄日本车斯巴鲁的广告。后来老周邀请这位摄影师来杭州给我们拍一套照片,设计制作一本《公司说明书》。

《公司说明书》是企业亚文化的一种宣导和传达,里面拍的都是员工的背影,为什么是背影呢?因为正脸会涉及肖像权,而且员工流动率高的话,照片很快就不能用了。我们在拍照之前做了一次很有意思的动员:

我们将 5 个理念用 5 个字总结出来,是"道、家、人、信、公"。然后让员工选择自己认同的那一条,最后这一群人会站在这一条理念前面拍照,但只拍大家的背影。

道:大道当然,精细致远

大道当然,精细致远是我们的立业之本,在弘扬大家风范的工作文化的同时,还必须坚守精良文化,我们深知,唯有精细才能做大。

家:我们的每一个产品都是一个作品,一个家

关注产品品质和服务,让客户在居住体验中感受到我们永无止境的专业精神,是我们始终不变的工作准则。

人:做事先做人

我们提倡对人的研究无与伦比,是因为只有对人的需求做出全面深刻的理解,才能做出让客户安心的好产品。

信:人无信而不立

做事先做人,人无信而不立。脚踏实地、诚信待人是信的具体表现,人做好了才能把事情做好。

公:企业公民

这是指我们今天做的事是否与人类社会发展方向吻合,是否能在未来得到大众的认同。

品质和服务的精良是我们追求的目标,我们每一个产品都是一个精品,都是一个安心的家。

有位客人在参观了良渚文化村后问老周:"你为什么会建造这样一个社区?"

　　老周坦言："我是地道的上海人,从小生长在上海的法租界,在儿时的印象当中,法租界的人都是彬彬有礼的,走在路上,就算是马路对面不认识的人,都会点头打招呼。"在老周的人居理想当中,用一句简单的话概括何谓文明的社区,那就是——"邻居之间不吵架"。

　　老周最早来杭州时,并不受本土房地产企业大佬们的欢迎,似乎万科来到杭州就是一个搅局者与规则的破坏者。老周刚上任不久被邀请去参加"住在杭州网"组织的年会活动,当时住在杭州网的总经理邵捷邀请各大房产公司大佬参加年会,其中包括绿城集团的董事长宋卫平。

　　当时在台上,宋卫平谈及市场时,直言不讳地批评万科的降价举措,并且数次说："要么请万科的周总说几句?"坐在台下的老周只是以微笑面对,最后只说了一句话："万科将持续关注品质与服务。"

　　后来老周让时任营销总监的季勤把"万科关注住宅性能和物业服务"放在了杭州市中心杭州大厦对面的户外广告牌上,想让杭州看到万科的决心。

　　在某个深夜,我和老周在他的办公室准备集团半年度的述职汇报会议,很多有趣的想法被激发出来,当时他提出了"好房子、好服务、好邻居"这句话。"好房子"指的是住宅的性能,"好服务"最初指的是物业服务,而"好邻居"指的就是文化村的"村民公约"。

　　后来,新上任的营销副总宗卫国在一次头脑风暴大会上,进一步提炼出了"三好"这两个字,由此产生了更易于记忆与传播的品牌,"三好"从此从良渚走向了全国。

　　老周不是把良渚文化村当作试验田,而是认为它代表万科开发产品的未来,以及行业的标杆。他很早就让我与艾飞一起总结良渚文化村的材料,由于时间久远、涉及的人员多,我们足足花了半年的时间收集各种资料——图片、文字、规划材料、设计图纸、营销提报方案等,最后做出了一个广为流传的PPT:《一个梦想居住的地方》。

记得那是在2011年的9月,良渚文化村第一次广为业内同行所关注,"中国城市联盟"在杭州召开中期营销的总的交流会议,我们受邀为此做一个介绍良渚文化村的演讲。

本来演讲是邀请老周去做的,后来他在会议前几天突然决定让我代他去。他和我约在会议前一晚,一次次过着这个名为《一个梦想居住的地方》的PPT,每一页、每一个故事,他都会亲自指导和讲述,似乎在做着总结,更是对一种人居理想的描绘。

PPT的最后一页写道:

> 我们在这里畅想了未来20年良渚文化村的生活将是怎样一种场景,
>
> 她是适合所有人居住的地方,
>
> 是一个梦想居住的地方,
>
> 美丽之洲是上天的赐予,践行和谐是今人的智慧。
>
> 我们感谢伟大的原住民,与我们分享了世代居住的家园;
>
> 我们感谢伟大的时代和政府,把这块土地交予我们营造;我们感谢伟大的规划建设者,他们卓有远见地绘制了蓝图;
>
> 我们感谢伟大的4000户家庭,他们已经或正在把家安在这里。

走进梦想小镇

我修改 PPT 一直到凌晨,感到莫名的紧张与兴奋。我穿好特意准备的西装,一早便来到世贸君澜酒店的报告厅,检查投影仪和连线,那天早上董事长王海光看到我,夸赞我穿得很精神。

就在那天,刘肖作为集团战略投资部的负责人,也受邀参加了这个会议。后来我才知道那天是换帅前的谈话。

那天我在中城联盟的演讲非常成功,在讲完后获得了长时间的掌声,不少人看了《村民公约诞生记》《村民公约二周年》的纪录片后都非常感动,与会者纷纷跑来给我递上名片,其中一位台湾太平洋建设集团的沈沛霖副总经理递过一张名片,背面用正楷字公正地写着——"台湾全岛皆良渚"。

捌
社群的价值观

有一本书的名字我很喜欢：《最美的风景是人》。我始终认为，推动社区的可持续发展的因子是人，是居住在这里的人。而良渚文化村社区的成功之处，就是聚集了一批有着共同价值观的人。

2003 年，最早认可良渚小镇梦想的是一群房地产的从业人员与媒体人，比如我们现在村里的意见领袖王群力，他说他就是被"心灵归属在乡村"这句广告语打动，他在此前代表浙江卫视去巴黎周边小镇拍摄时的感受正是如此。他立即决定购房，并推荐给无数的人，成为"布道者"。

后来随着项目的不断开发，进入社群的人就慢慢多元化起来，首次置业、换房需求、高端人群，不一而足。尤其是 2007 年万科并购南都、接手良渚项目以后，一度想要改变项目的定位，尝试做市场主流产品，把文化村改为"万科城"。后来正是被这些坚持价值观的群体给生生地拉回了"原先的轨道"。

目前,良渚文化村现在已经入住超过 4000 户、有 1 万多人居住,而小镇也已开发过半。如果有人问我如何定义住在这里的人,我会用以下几个共同的"价值观"来解读:

第一个价值观是"亲近自然"。

第一次来良渚,深深感受到的就是自然的力量,这里数千年前就是居住的福地,给人以一种田园的感受,坡地、绿化、水系、山峦都昭示着"自然"二字。热爱自然、亲近自然是一种非常强烈的价值取向。新宇是我最好的朋友,也是村里民间自然教育 NGO(非政府组织)"植物私塾"的创办人。用他的话说,他从安徽安庆的县城来到杭州城定居,这里给了他"故乡"的感觉。

第二个价值观是"心怀理想"。

城市的生活常常压得人喘不过气,很多人都有避世的想法,回归田园,就如同桃花源里的陶渊明一样,有自己的一亩三分地,追求仰望星空、回归田园的日子。当然,要选择住在这样交通不便的远方,那是需要勇气和牺牲的。如果不是坚持理想的人,会随着尘世的洪流,蜗居在城市的角落或者高楼里,并不会选择远方,这正印证了一句话:"我能与世界保持的距离"。

第三个价值观是"热爱生活"。

当下的世道人情冷漠,城市过于拥挤和忙碌,没有社交的时间。而住在人烟稀少的地方,人反而更渴望交流和生活,这是互联网时代人生活的特点,在营造自己的生活圈子的同时,与朋友一起营造生活的圈子更是一种热爱生活的表现。就如同我们在村里号召举办一些活动或者派对时都一呼百应。

南都房产在早期规划的时候,就种下了田园城市的种子,而在万科后期的悉心培育运营下,阳光雨露让种子慢慢成长,结出了社群里人统一的价值观的果子。

我们在 2009 年组织了杭州的 20 多位媒体记者去考察台湾的社区和公益机构,我们去了位于北投市的垃圾焚烧处理厂,参观佛教慈善非政府机构 NGO"慈济"的社区垃圾分类站,还有一个台北郊区的模范社区——樱花汤泉。应该这是大陆第一次由开发商组织媒体考察团前往台湾考察社区建设,而不是房地产开发。

令人印象最为深刻的社区是"樱花汤泉",这个社区远离市中心,已经交付很久了,但是小区的二手房价却与台北市中心一样高。这个社区的人形成了一种非常独特的价值观,社区的口号是"敦亲睦邻、守望相助",说的就是"远亲不如近邻"的道理。

这里的人宣扬自治的精神,垃圾分类可以分到 17 种,他们提倡分享,老人安享晚年,小孩在小区健康成长。

这个小区里没有空置的房屋,二手房的价格一直高于周边房价 50％之多。很多父母都希望自己的孩子跟这里的人做邻居,老人住在这里不愿意搬走,孝顺的子女也很放心自己的父母和老邻居一起安度晚年,因为有这些和睦的老牌友。

老周一直有一个理念,叫"十万买房,百万买邻"。古时候的"孟母三迁"讲的正是这个道理。当我们考虑买房不再是投资,而是长期居住的时候,软件比硬件更为重要。

玖

因寺成村

马斯洛需求理论里面最为基础的是生理需要,最高级的是自我实现。这个理论同样适用于人居,追求温饱的人围绕柴米油盐商店居住,追求自我实现的人围绕信仰选择住处。

南宋时期,临安城的政治和经济空前发达,据统计人口达百万,因为北宋曾鼓励佛教发展,因此临安有 500 多间寺庙,一度成为南方的佛国。

南宋末年,临安城里发生了一场大火,几乎半个城市被烧毁,唯有众多寺院因为独特的建筑形态和严密的防火措施,幸免于难。很多民众都到寺院里暂时避难,慢慢便开始围绕寺庙重建居所,久而久之,人们的居住围绕寺庙展开,传统文化中的"庙会"便是一种围绕寺庙生活的佐证。

以前有一个词,叫"因寺成村",说明寺庙不但是百姓精神和信仰的寄托,更是传统生活的核心。江南的风流才子唐伯虎就是在庙会的时候遇见秋香对他三笑留情的,不是吗?日本东京市著名的浅草寺,寺庙后门就是一条商业街,因为寺庙本身就是以给社区居民精神补充的"主力店"。而在日本有"小江户"之称的川越市,更是保留了800年多前的一条日本老街,街道上每隔一段,都会看到寺庙和佛龛。

良渚文化村范围内最早有三座寺庙,分别是:崇福寺、大雄寺和东莲寺。据村志记载,其中规模最大、最有名的当属崇福寺,位置就在现在的崇福村旁边,寺庙的石板和地基还可以寻见。据说当年崇福寺规模超过杭州的灵隐寺,甚至有一位皇族在这里遁入空门,我没有去考证过,且当金庸小说里皇族归隐的寺庙野史看待吧。

可惜到后来,这三座寺庙都因年久失修,在动乱年代悉数被毁。据说庙里的木头用于建设良渚镇上的历史纪念馆,大抵也都无从考证了。但不难想象,当信仰从释迦牟尼佛转变为无神论,那么拆了佛寺建纪念馆也属正常。

《咸淳临安志》记载:"大雄教院,元系上保庵,开运中吴越王建,治平二年改今额。"大雄寺盛于南宋,毁于20世纪50年代,古为佛院讲经之处。大雄寺庙旁边有一潭灵秀之水,这里是宋代的水库,《资治通鉴》记载:有一年杭州大旱,全城所有的井都干枯了,只有这里的水没有干涸,救了全杭州人的命,名曰:白龙潭。白龙潭有"无尾螺蛳"(一种生长在南方河网湖泊里的螺)的传说:

一位衣衫褴褛的和尚路过白龙潭,看到一个老妇人在剪螺蛳屁股,准备下锅。而和尚当时心生怜悯,跟老妇人说:能不能把螺蛳给我?

老妇人说:你这个疯和尚又不吃荤的,这些螺蛳尾巴已经剪掉,你放生了也活不了,拿去!

和尚谢过老妇,接过那盆螺蛳,往白龙潭里一撒,螺蛳竟然奇迹般地活了,于是这个水潭里面便多了一种独特的无尾螺蛳。这个疯癫的和尚就是活佛"济公"。

寺内传说还有一棵白玉兰树,两个枝杈分别开着不同颜色的花,后来因为新建寺庙没有保护好,音信全无。

在人类发展历史上,寺庙、教堂一类的建筑往往能幸免于战争或灾难。一方面,宗教建筑宏伟坚固,工匠修缮有嘉;另一方面,保护管理也得法,而灾后寺庙和教堂往往也成了救难的人道主义场所。适当的宗教设施也是社会必要的"稳压器",也是社区构成的核心因素。

以前我们是围绕"信仰"居住的,而现今大家的生活都围绕着 CBD。CBD 是什么?是购物中心、商业街、写字楼,甚至是政府办公大楼。我们的生活在不知不觉中,围绕着"金钱"与"权力"居住。

试想,如果我们每天上班经过的是 LV、Prada 的华彩橱窗,时刻勾起你购买的欲望,而你却买不起;每天上班经过银行证券大楼,而你的存折上的数字却少得可怜;每天上班经过管辖森严的政府办公大楼,却又无法进去当官。我们怎会不浮躁?生活的格局会不会是当下社会暴戾之气和拜金主义的根源?

如果,人们每天上班经过的是寺庙佛堂,里面传出的是阵阵幽香和唱诵佛经之声;经过的是教堂,听到里面传来的唱诗声和风琴声;经过的是美术馆、博物馆,看到保存着千百年先祖的文化传承……是不是一种平安、祥和的"正能量"就会传遍身体,激活大脑,让我们获得安宁与幸福?让步伐慢下来,而这种"小确幸"不正是我们向往的"慢生活"吗?

"因寺成村",在当代社会可以改为"因信得群",我们在建筑中放入怎样的信仰与普世价值,就会吸引什么人在这里聚集,形成社群。

围绕什么居住

以前我们是围绕"信仰"居住的,而现今大家的生活都围绕着 CBD。CBD 是什么? 是购物中心、商业街、写字楼,甚至是政府办公大楼。我们的生活在不知不觉中,围绕着"金钱"与"权力"居住。

壹拾

精神堡垒

我们经常听到这个词，叫"精神堡垒"，所指的应该是具有精神内涵的标志性建筑。曾到国外的小镇旅游的人们会发现，每个小镇最高、最宏伟、最具有精神内涵的建筑往往都是教堂。为何西方的小镇都是围绕教堂展开？

按照国外城市化的发展轨迹，先有传教士到某处传教并设立教堂，后有信奉基督教的教民围绕教堂居住，逐渐由部落变为村庄，村庄变为小镇，小镇变为城市。教堂修了几百年，城市也发展了几百年，因为精神是物质的核心。

国外教堂的等级有严格的区别，比方大教堂就叫 Cathedral，小教堂就叫 Church，再小一些的没有牧师，就叫 Chapel，就如同我们的寺、庙之分。如果你不信基督教、不去做礼拜，很难理解教堂以及信仰的力量。

英国是建立在基督教基础上的国度，而了解宗教对了解这个国家的文化、融入大众社会颇有益处。我在留学英国时住得离社区 Heath 教堂很近，步行只需几分钟。尽管我并不是虔诚的信徒,但是每周末都会去教堂参加礼拜。在那里认识的人都很真诚、友善,而参加礼拜的过程也安静而愉悦。

当教堂的风琴响起,人们站立着吟唱赞美诗,那种头脑的放空与内心的宁静是别处无法得到的体验。尽管最终我没有加入基督教,但是对于教堂的喜爱和基督教文化的体会因为这段经历而更加深刻。后来每到一个城市,我都会去寻访教堂,聆听一次这座城市的布道者的话语,其中包括杭州解放路上的思澄堂和庆春路上的新式大教堂。

文化村之所以能有美丽洲堂,得益于一位信奉基督徒的村民——李捷。

李捷是温州人,家中三代都是基督徒,他自己创办的企业的名字出自圣经,他在其中担任"长老"一职,类似教会的管理者。李长老告诉我,他的人生有三个理想:建教堂建学校、建医院。

自从他住到文化村的竹径茶语小区后,便决心要在这里长久地居住下去,并将耶稣基督的爱在这片土地上散播。李长老从2008年开始和万科良渚的管理者沟通,希望由他个人或企业出资来建设教堂,自己做了20多轮方案。最终在时任良渚项目总经理王凯的推荐下,由老周拍板决定,教堂设计和方案由万科来完成,双方共同出资,建成后移交教会管理。老周当时做决定的时候没有把握,事先还征求了王石主席的意见。

王石说:建教堂好啊!当然好!不要他出钱,钱都可以由万科来出!

于是就有了现在木结构的美丽洲堂。

建成后,时任北京万科总经理的毛大庆带队来参观教堂,看完后把老周拉到一边轻声说道:"老周,我真佩服你,你这可是私人老板才敢做的事情啊!"

走进梦想小镇

真不知道这是赞叹还是提醒，一个上市企业在做非营利项目建设的时候，管理者确实要承担异议与压力。而最终事实也证明，教堂成了良渚文化村当之无愧的地标，海南万科和绿城集团在做"理想小镇"规划的时候也都建设了教堂。

而美丽洲堂在建成后，吸引了很多基督教徒以及喜爱西方基督教文化的人到文化村来定居，不但是地标建筑，也是一个社区的公共空间。

在教堂落成的第一年夏天，教会的干事徐选民来找我，他们在策划组织一个英语夏令营，这是个非营利项目，国外的志愿者老师会在村里住两周。我请食堂给他们送免费的午餐，从此教会的夏令营传统在社区延续下来，至今已经有四五年了。

给我印象深刻的是最后一课"爱的教育"，这一幕被记录在教堂的照片墙上：来自外国的志愿者老师在最后一节课，跪着给孩子们洗脚。这样的举动对中国孩子的触动是很大的，而夏令营课程的主题是感恩，感恩上帝赐予我们健康的身体，因此我们要施予博爱，在《圣经》中也记录了耶稣给信徒洗脚的一幕。

体验式教育的效果是神奇的，孩子回家后就给父母洗脚。这不是简单的孝道的感恩，而是一种博爱的示范。

最近教堂又开设了儿童唱诗班，李捷告诉我一个真实的故事：

一个孩子在学校里面十分调皮捣蛋，老师和家长都拿他没有办法。一次家长把他送到了教堂的唱诗班，不可思议的事情发生了，这个孩子居然是唱诗班上最乖巧的孩子，美好的音乐带给儿童心灵的滋养与浇灌无可替代。

信仰的场景是我们当下任何教育都不可替代的环境教育，而社区中有这样的设施也使更多的人受益。最近李捷告诉我，教会将来会做一系列对社区有益的活动,他们将来还会组织临终关怀的志愿者,这是需要有强大的信仰支撑的公益之事。

　　按照国外城市化的发展轨迹,先有传教士到某处传教并设立教堂,后有信奉基督的教民围绕教堂居住,逐渐由部落变为村庄,村庄变为小镇,小镇变为城市,教堂修了几百年,城市也发展几百年,因为精神是物质的核心。

壹拾壹
两百年寿命

万科与日本素有渊源，最早的联系应该是在万科初期做贸易的时候就曾进口日本电器，后来"像造汽车一样造房子""千亿计划"等都与日本建筑界保持着密切的交流。

其中最为关键的人物是万科的总建筑师、上海区域的副总经理付志强先生。他早年就职于万科设计管理部，后来离职去日本东京大学学习建筑学，并在日本的建筑事务所工作了十年，后来被王石召回到万科，成为中日之间沟通的桥梁和纽带，也是建筑方面的大拿，我们亲切地称呼他"付桑"（"桑"在日语中是先生的意思）。

文化村在建设的过程中有不少日本友人的参与，在很多地方会看到日本的"和风"，比如美丽洲堂和食堂，比如安藤忠雄设计的文化艺术中心。教堂和两位日本建筑界朋友有关，一位是建筑师津岛晓生，一位是主要材料供应商三泽千代治。

　　美丽洲堂的原型也是来自日本,在东京周边的度假胜地轻井泽,那里类似于杭州的莫干山,有早期到日本的外国人居住在那里,因此兴建了社区和教堂。那里的"星野游学堂"由西方传教士设计建设。

　　美丽洲堂采用的建筑形式是日本传统的"合掌式建筑",而合掌式建筑保存最完整的在日本的白川乡。北方雪国积雪很厚、积雪时间也很长,容易造成房屋的垮塌,于是当地人就发明了这样独特的建筑形态,角度尖耸的屋顶接着地面,这样的设计令大雪不易停留在屋顶,屋顶就不会被压垮,同时室内形成的空间有利于空气对流,也十分保暖。

　　美丽洲堂设计中付桑最为得意的是在他的建议下,建筑并没有改变地貌,而是沿着原来的山势做了台阶和建筑主体。木头纹理的清水混凝土外墙,表现了亲近自然和朴素的理念。津岛先生在教堂建成后,认为建筑完成度比较高,甚至感慨地说:中国已经进入了"唯美建筑"的时代。

　　当然与日本建筑师的合作过程并非一帆风顺,也有一些小插曲。比如在教堂主礼拜堂地面材料的选择上,老周坚持要用石材的马赛克,而以付桑为代表的日本建筑师却强烈反对,一度僵持不下。最后项目部用一个样板地面将"日系"建筑师彻底说服。

　　在教堂的建设过程中,5位日本工人在良渚住了2个月搭建全木结构教堂,整个建造时间为8个月。建筑主要材料采用全再生木,全部从日本进口,理论上的使用寿命是200年,因为日本设计师认为,木材如果使用寿命不达到200年是不划算的。

　　三泽千代治先生是日本建筑界的传奇人物,他早期创办的房产公司一度成为日本第二大房产公司,后来因为席卷亚洲的金融危机而破产。然而80岁的三泽先生重出江湖,建立三泽国际(Misawa International),专门从事木结构的建筑生产和建设。三泽先生十分诚恳地说:他希望自己的企业继承人能一直继续维护教堂的木结构。

　　三泽千代治管理公司的方式非常独特,每天经营例会都是午夜以后在他家里召开,每个老总轮流向他汇报,而且几乎每天都要被他训斥。而他做人也有一个奇特的原则:每天要认识10个新人,据说此习惯在他创业以来从未间断过。他认识新人的方法是:在报纸上看到感兴趣的人就给他们打电话约见,每一次约见都会让他收获颇多。

　　在中国,一个成功人士一生要换7套房子,而在日本,尤其是经历了亚洲金融风暴后,日本人对于房产的看法则更为理性。一个成功的日本人是不需要买房子的,因为房产都是继承自家族的百年基业,中国随着经济的发展与城市化的稳定,必然也会步入"百年寿命建筑"的时代。后来我们在主要建筑材料的使用上采用了日本的"实用主义"理念。

　　如果房子是打算用一百年的,你会如何选择材料呢?材料必须满足三个条件:可再生、耐用、易维护和更换。反观我们在住宅上大量使用了实木、石材、玻璃等材料,都是违背这一原则的,必将给后期维护留下巨大麻烦。因此美丽洲堂使用了大量高质量的涂料、复合板材、地砖等来代替不可再生的材料,比如SKK的仿石材外墙涂料、仿石材地砖、实木复合地板、三聚氰胺板等。尽管市场上客户一时无法接受,但是在后期的使用、维护以及更换上会体现出优势。

如果房子是打算用一百年的,你会如何选择材料呢? 材料必须满足三个条件: 可再生、耐用、易维护和更换。

壹拾贰
人气建筑

　　良渚文化村经常会迎来很多国际知名建筑师,很多都是慕名前来。其中有一位日本建筑大师叫石山修武,他是因为有朋友要在杭州的龙井村做一个茶舍项目,因而被邀请到良渚文化村的。他是一位十分有个性并有独到见地的建筑师,他的语言措辞在日本建筑界是以难懂闻名的,翻译都无法准确表达,因为他的话中往往富有深刻的寓意。据说他经常跟安藤忠雄一起"吹牛",可能就是喝酒聊天的意思。

　　石山修武已年近七十岁,同样是日本老派作风,寡言少语。陪同他来的是中国建筑师赵城琦,他在上海有自己的建筑事务所,也通过不同的渠道了解了良渚文化村的情况,并向石山先生做了介绍。

　　我带着石山先生参观了良渚博物馆,他很专注地听着,不发一言。一直走到最后的玉琮展台,他拿出了随身带的本子画起了钢笔素描。

赵先生介绍说,石山先生每当看到令他感动的情景,就会立即动笔画下来,这样的习惯伴随了他作为建筑师的一生。这就是日本建筑师的工匠精神。

我们随后路过美丽洲堂的小礼拜堂,正值教会做完礼拜的午餐时间,很多信徒就在小礼拜堂桌子上吃午饭,装盒饭的垃圾袋子就随手放在走廊上。我为教堂的使用和管理不善感到有些难堪,尤其是让日本客人看到了这样不太文雅的一幕,于是连连向石山先生表示抱歉,并让教堂的管理者收拾干净。

随后我们来到了村民客厅,这里倒是井井有条,清静又干净,石山先生一路上都不发一言,只是随着我们参观了一圈。我希望石山先生夸赞一下良渚,但是他始终惜字如金。最后,他一字一句地说:"因为天气不是太好,所以看不太清楚,但是从看到的几个建筑来看,还是很感动。"

石山先生缓缓地说道:"在日本建筑界,有一个评价标准,就是'人气建筑'"。他说,在教堂看到信徒吃饭的场景让他非常感动,他觉得教堂的设计师要是看到了也会非常高兴,因为正是人的使用,才让建筑有了"人气"。

而相反的是,他认为村民客厅就不太好,因为似乎不太有人使用。石山先生说,如果村民可以多使用一些,那里就会更好了。

日本每建设一个公共建筑前,都会花很长的时间咨询使用者的意见,其中会专门听取女性的意见,比如高跟鞋不要卡在地板缝隙里等细微的要求,然后建筑师才会开始工作。

如果一个公共建筑在建成后不被使用,或者不被使用者喜爱,是不会被建筑界认可的。如果我们按照日本"人气建筑"这个标准来看国内的很多公共建筑,那么我们的评价标准是否需要重新定义呢?

走进梦想小镇

　　国内很多公共建筑都有使用率低的现象,这是一种公共资源的浪费。甚至还将公共建筑商业化:比如很多体育馆,在建设的时候目的是为提高全民健康而举办运动会,用了大把纳税人的钱。用完后就锁起来了,或者干脆供人参观甚至还收门票,或是用来开演唱会收取场地费。

　　这与建筑师的本意背道而驰,原本作为公益的公共建筑因为要承担赚钱的使命,过早和分散的商业化运作,这也是国内很多公共建筑的宿命。

人气建筑

　　如果一个公共建筑在建成后不被使用,或者不被使用者喜爱,是不会被建筑界认可的。如果我们按照日本"人气建筑"这个标准来看国内的很多公共建筑,那么我们的评价标准是否需要重新定义呢?

发现美的眼睛

"古人云",其实并不是"古代的人说"的意思,而是"真理说"。

这是古道书院的创办者——毛家臣老师告诉我的,他说"古道"也是上古时代的传统习俗。他就像一个从上古时代穿越到现代的"先生"。

毛家臣是杭州电子科技大学的老师,本来就在教授国学课程,他为人热心,立志于普及弘扬儒家之道,于是开始在西湖边义务教授青少年国学课程。

毛老师教授国学与其他人不一样:第一,他要求遵循"言传身教"的古训,来上国学课的孩子可以不学习,父母亲必须先学习,依照"经史子集"循序渐进,小孩可以在一旁玩耍;第二,教课的费用随喜,家长们有钱的出钱,有力的出力。

最早,我是因公司指令去拜访毛老师,他在西湖边茅家埠某个路口接上我,我们走过一条小巷,来到一栋农居,教室就在二楼。楼梯转角处是一个公共厕所,很远就能闻到臭味。毛老师将我引入到他给学生们上课的教室,进门要脱鞋。这间房子空空的,房子中间的墙壁上只挂着一张孔子的画像,墙角堆放铺着一些上课坐着的蒲团,让我想到"家徒四壁"这四个字。

毛老师告诉我,孩子进来后都要向着孔子像行礼,尊师重道是孔孟之学的基础。墙壁上不挂任何装饰物,是为了不让孩子分心,在最朴素的环境下让孩子专心学习。而学习本来就是一场苦行,这是再好不过的教学空间了。

很多家长花钱都是为了培养孩子,不是培养自己,于是99%的家长都走了,而留下的1%有了神奇的收获:家长在读书的时候,孩子起初在旁边玩耍,后来也乖乖坐下来读书,而读的东西孩子们居然都会记得。

这个房间原本是某位家长自家企业的员工宿舍,他将这里免费提供出来作为教学的场地。有的家长经济困难一些,就为教室打扫卫生;有的家长则主动给孩子们做午饭。这就是毛老师坚持的"随喜"理念,需要参与的家长和学生有自觉、自律的精神和价值观,到最后也形成了一个稳固的社群。

毛老师还有一个上课的搭档——郭敏飞。他们都是国学的爱好者,郭老师还在读博士,学习的是社会学,因此对于良渚文化村的社会生态也十分感兴趣,后来郭老师还在良渚文化村买了房子,成了村民,才有了后来良渚引进古道书院的机缘。

我在跟毛老师见面后,就立即着手在村里寻找合适的空间。不久我们看上了后山语儿古道上一处半山腰的房子。这房子原本是茶厂看守茶园的破旧建筑,已经岌岌可危,我们打算将其修缮一新,作为学生的书院学堂。

毛老师在方案讨论的时候,提出一些他认为非常重要的理念,如:不要空调、不要自来水,甚至不要建厕所,要让孩子们自己带水上山,"劳其筋骨,饿其体肤"，让他们在自律和吃苦中学到更多的知识和经验。

我们为了按照宋代的房子模样重新建设，专门跑去参观建设中的黄公望故居。后来是村民设计师沈涌做的建筑方案，而我们找到当地做木结构的施工单位做了建筑施工。其中还做了很多自然保育的工作，比如雨水的收集和树木植被的保护。

很快，建筑的主结构建起来了，施工单位建议，按照当地传统，要搞个"上梁仪式"，施工单位老板按照皇历选好了良辰吉日。到了良辰吉日那天，毛老师和郭老师都因为上班无法出席，于是我与住在竹径茶语的贝妈和贝贝一起，完成了上梁仪式。

他们带来了黄酒、香以及祭拜的水果。我们遵循当地的仪式，摆起了祭坛和贡品，点了三支香，将一块红布用硬币固定在作为大梁的木头上，完成了"上梁仪式"。最后，酒和祭拜的糕点水果都悉数给了盖房子的木工师傅，让他们分享我们的喜悦。

良渚文化村里的很多公共建筑并不是万科提出的想法，而是社区居民的建议，我们只是采纳并完美地实现了他们理想中的建筑；社区的公共建筑不是先有建筑再有主人，而是先有了主人，我们再为主人量身打造公共建筑。这样的建筑才具有生气和活力，最后才会得到住户的喜爱。这要求管理者有一双"发现美的眼睛"。

村里孩子的家长把建成后的古道书院作为社区活动的场所，不时会邀请老师来开讲座，并且都是志愿者负责值班和管理维护。再后来大家一起动手在房子前面建了一个菜园子。那菜园子里最为精彩，孩子们在这里劳作，获得劳动的快乐,同时也知道了播种与收获的艰辛。

发现美的眼睛

良渚文化村里的很多公共建筑并不是万科提出的想法,而是社区居民的建议,我们只是采纳并完美地实现了他们理想中的建筑;社区的公共建筑不是先有建筑再有主人,而是先有了主人,我们再为主人量身打造公共建筑,这样的建筑才具有生气和活力,最后才会得到住户的喜爱。

产品主义

对于何为好房子，我们似乎陷入了一种复杂的争论，让我们先看一下结论：

这段话出自日本的建筑师黑川纪章，他和矶崎新、安藤忠雄并称为日本建筑界的"三杰"。

早期的南都房产团队有着浓厚的理想主义色彩与建筑师的产品主义情怀，在那个房地产的黄金时代，万科的产品透着理想主义的色彩。现在杭州万科的总建筑师丁洸一直都是良渚的建设者与守护者，他最为得意的故事就是当时在白鹭郡北的建设中，为了保持山地多层的建筑形态，硬是生生地将容积率降低，把6层的房子改成了5层，还把几栋看着不舒服的楼给"拔"了。

为了规划形态牺牲容积率，这在当下的房地产界已经不太可能，因为那意味着少卖很多套房，等于是把钱白白丢掉。谁会跟钱过不去呢？

房地产行业发展至今，"产品主义"似乎已经成了贬义词，意味着追求个人英雄主义、不讲财富效率、不顾及客户需求。其实在我看来,建筑师是最懂得客户的需求的,黑川纪章对于好房子的定义至今还很有指导价值。

2014 年的时候,我陪同良渚文化村的早期景观规划师,加拿大 CIVITAS 事务所的 Joseph Hudra(他们叫他老 Joe),事隔十年之后再访良渚文化村。当我们走到竹径茶语的临湖轩会所,对着一汪湖水,我问老 Joe:你作为十年前良渚文化村的规划师,如今来到这里,感觉文化村最为成功的地方在哪里?

他没有回答我,而是把一只手的食指放在嘴边,做出"嘘"的姿势,另一只手放在耳朵边,示意我不要说话,用耳朵仔细聆听。当我领会了他的意思,神奇的一刻出现了:嘈杂的环境突然安静了下来,空气像凝固了一般,我听到了树枝上鸟儿的叫声,仿佛它们在进行着对话;我听到了风吹动竹林的婆娑声,仿佛是竹林在与风嬉戏。

人在自然当中才是最为舒适的。人类存在了将近 600 万年,现代化进程不过区区几百年,亲近自然是人类与生俱来的天性。

理想主义的建筑师往往会评估自己的项目进展如何,良渚文化村当然也有不尽如人意的地方。老 Joe 的得意之处在于"绿色手指"(Green Fingers),这是一些绿色的"廊道",不但成为小区之间的绿化公园,而且每当下雨的时候,这条走廊还能起到泄洪的作用。

我随着他走遍了他规划的每一根"绿色手指"。老 Joe 会站在一个地势相对高的地方,然后沿着"手指"向远处看去,随着他的指引,我们可以看到远方的城市轮廓,原来绿色手指不仅仅是绿廊,更是一条视觉的线路,一个呼吸的间歇。

当我们走到春漫里商业街的时候,老 Joe 忽然纠结了起来。在原本的规划中,这里也是一段绿色的手指,在最早的规划中我们叫这里"鲤鱼的肚子",是一条"水街",从风情路一直延伸到毛家漾港的河流。因为种种原因,这里被分割成了现在的春漫里"新街坊"商业街,楼上是酒店式公寓,后面的一大块区域成了住宅柳映坊。

老 Joe 纠结的当然是这里的绿色走廊被篡改,他一时无法接受,在春漫里的"胡同"里面乱窜,他走到一处相对还开阔的走廊,问我:"前面的房子有可能拆除吗?"

我摇摇头,他指的是新建好的柳映坊。

"那是否可以把这条道路拓宽一些? 从这里可以看到远方。"

我面对他执拗的表情,无从回应。这或许也是理想主义中无法避免的一些遗憾。

当然,南都房产的产品主义精神在良渚文化村乃至杭州万科一直延续至今,而这些与杭州这座城市有着重要的关系。这里不得不提到绿城集团。

我在初入职场的时候,进入的是一家以绿城为标杆的房地产企业。我的两位领导都是绿城董事长宋卫平的早期追随者,因此,我对于产品和品质的理念也是被"真诚、善意、精致、完美"的价值观给教化的。

我们在绿城和南都这两家杭州的房企身上都看到深深的理想主义者烙印,这也影响到我们后来的管理运营,一直想把这种产品的理想延伸到生活的理想。

一次我作为杭州万科战略发展投资部的员工,访谈了绿城温州鹿城广场的项目经理,他几乎是含着泪说:"如果将来有一天,我带着我的孩子走在我建设管理的小区里,我能骄傲地告诉他,这小区是你爸爸建的,这辈子就够了。"

走进梦想小镇

这种产品主义情怀深刻地影响着我们,作为管理者,必须以"老吾老、幼吾幼"之心来建设和管理,才能做到关注长远利益,而不是追求短期效益。毕竟,报表和业绩只是一时的,而产品和精神才是永恒的。

一个好的房子应该具备四个要素:好房子建在高处;风能自由地通过;能感受到四季的变化;人与人之间能自由地交流。

壹拾伍
行政命令

有时候创新是需要"霸权"的,就像乔布斯之于苹果,埃隆·马斯克之于特斯拉。

2009—2012 年,对于在周俊庭管理下的良渚文化村发生的转变,有一种解读就是集中的"总经理决策文化村建设的机制",比如村民食堂、菜场、教堂和村民公约的建设、运营、活动都会统一管理。而作为职业经理人的老周,常会用到一个词——行政命令。

比如说:行政命令"涨价",行政命令"不许说第二居所"。而这个词恰好体现了作为职业经理人的智慧:如何处理好管理者与霸权者之间的平衡。

2007 年年底,良渚文化村的白鹭郡东楼盘的开盘价格是 6000 元 /平方米,这个价已经接近成本,后来因为万科"随行就市"的销售策略,发布了"青年置业计划",杭州万科的几个项目联动打折,价格在此基础上还下降了 20%。

走进梦想小镇

打折风波引发了大范围的震荡，良渚文化村的销售也随之陷入了低谷。随后的事件就广为人知了：先是杭州万科的办公室、售楼处等相继被激怒的购房者打砸，而后是杭州全房地产行业发起抵制万科的行动，万科成了众矢之的。杭州房地产协会劝退万科参加房交会，因为害怕引起房交会的客户群体投诉和扰乱秩序，再后来演变成了杭州房地产协会开会，不通知万科参加，而据说这个会议也演变成了对万科的批斗大会。

因为市场的萧条，杭州万科的降价策略触动了其他开发商脆弱的神经，动了大家的奶酪，打破了杭州从来没有房子降价的历史。坊间传言，当时杭州市委书记还批示了两条意见：破坏杭州房地产市场秩序，损坏杭州的城市形象。

此时紧急调任上海区域副总经理的周俊庭到了杭州，他被誉为处理危机的专家，之前妥善处理了万科南京光明城市的投诉，有人说他这是"临危受命"。可是于老周而言，他从来没有想过自己会离开上海。他说：以前从上海到杭州感觉都是出差，现在从上海到杭州，变成了回家。

其间关于老周和良渚的缘分，还有一个小插曲：此前老周担任上海区域副总经理时，万科董事长王海光陪同他参观良渚，第一次来到白鹭郡北，让他猜测价格，他就脱口而出："这个房子起码值 2 万元每平方米。"实际上当时的二手房价格只有 6000 元左右，于是他不久后便买了一套白鹭郡北的二手房。

后来他的老同事、上海区域总建筑师付志强知道后，常常拿这个开玩笑：一个上海人买了这么偏僻的杭州房子。后来，事情更是有了戏剧性的变化，付志强带他的父母亲参观白鹭郡北，他父亲当场感叹道："这就是我梦想中的房子啊！"孝顺的付志强马上也买了一套，而 3 年后这个房子价格已经涨了近 3 倍，如今他的父亲也已搬进村里居住。

当时良渚文化村的销售信心不足,营销背负着销售存量的压力,所有人都认为远郊楼盘项目的定位都是第二居所,缺乏投资价值,不是刚性需求。可是老周用他的"行政命令",要求营销部门做了以下几件事:

行政命令第一弹:全线涨价。

他的逻辑是,市场不好,反正也卖不动,不如把价格提上去。于是他的第一个行政命令是涨价。那时提出的口号是"消灭 7 字头",也就是不允许出现 7000元/平方米以下的房子。

不出意外,营销部门反对声音如潮,刁玥当时是销售代理公司的经理,根据他的回忆:销售价格表直接调高了 1000 元/平方米。然后,销售陷入了冰点,销售人员都在绝望地等待。令人惊奇的是,两个星期以后,居然以这个价格卖掉了一套,销售慢慢地恢复了正常。大家开始觉得,客户不选择良渚文化村绝对不是价格的问题。

半年以后,老周又提出行政命令:消灭 8 字头,直接把价格提到了 9000 元/平方米,因为那时市场已经在快速回暖。或许是人为,也或许是天意,2009 年成为良渚文化村销售的转折点。

行政命令第二弹:第一居所。

关于远郊大盘是"第一居所"还是"第二居所"的争论,在良渚文化村至今也未结束。客户会不会选择长期居住在村里?当时为了统一思想,坚决做第一居所,甚至下了行政命令,禁止销售员说"二居"这个词。

于是各个专业条线开始了打造"第一居所"的行动,我们将这个行动命名为

走进梦想小镇

"0951"。

也就是说,在 2009 年 5 月 1 日前,良渚文化村要发生翻天覆地的变化,包括食堂、菜场、班车到后来的公交、幼儿园、学校、医院等等。这个行动由艾飞来实施,行动的事项列出了 100 多项。所有行动都围绕着"两个 1000 套"的目标:入住 1000 套,销售 1000 套,这是关键绩效的指标,也是转折的基础。

是否作为第一居所,这实际是一个先有鸡还是先有蛋的问题,如果不是按照第一居所去打造配套设施,那么客户永远也不会住进来,就更无法支撑这些配套的运营。人都在寻求更好的居住场所,其实最终良渚文化村的居住模式也很有意思:虽说很多人是抱着第二居所的目的购买的,但因为村内的商业配套生态十分健全,因此客户会花更长时间住在这里,或者干脆让家中的老人和孩子住在这里,自己周末过来住,生生地把第二居所当成了第一居所。

现在想起来,这也符合市场策略:一方面,当某个片区市场占份额大的时候,大盘的开发商某从种程度上是一种"片区垄断",甚至是掌握了这个片区的定价权;而另一方面,客户认可的性价比在于开发商对住宅产品上的投入,如果一味地靠降低成本来推动销售,只会陷入被动的境地,越舍不得投入,房价越低,产品没有差异化,从而引起销售的滞缓,导致信心降低,然后更加舍不得投入,形成了恶性循环。

里子与面子

社会的价值观在发生着变化,人的居住价值也在同步改变。

改革开放以后,伴随着房地产改革的浪潮,房子从单位分配变成了可以自由交易的商品,很多没有房子的人开始有了房子,从有一套到有好多套房子,从小房子慢慢换成了大房子。于是人们慢慢开始对居住有了要求:有些人需要保持私密性,同时还要向周遭炫耀自己的富有和成功。

于是,像绿城集团这样的开发商开发了高端的物业,极大地满足了这批人的需求。早年我们刚刚进入房地产行业的时候,因为杭州是绿城的大本营,因此很多房产商都是绿城的拥趸,努力学习绿城的品质营造"三板斧":外立面、豪华会所、中心花园。这些拥有着极强的仪式感、领域感的手法,不断彰显着客户的地位与居住品位,抓住了人们在住宅物业当中寻求自信和认同的心理,如同消费奢侈品一样,买的不是功能,而是品位。

走进梦想小镇

一次万科集团的主席王石来到杭州，在从杭州萧山机场到市区的高速公路上，车窗外萧山的农居房豪华而整齐，有趣的是每个房子上面都顶着三个金属球串起来的杆子，像是避雷针，实际上却是一种向四周炫耀领域的装置，并没有实际用途。我们每天看习惯了便不以为然，在外地人看起来却是很稀奇的。

王石一时兴起，将这个金属球的杆子拍下来发在了他的新浪微博上，说这个装置并不是避雷针，只有装饰效果，最后跟了一句——"小心被雷劈"。因为是公众人物和微博大"V"，王石的这句话令网上的舆论一片哗然，严重伤害了萧山人民的"感情"，让他们成了全国人民的"笑话"，以至于第二天《萧山日报》当即刊登了文章反驳王石的"不敬"言论，最后这个"雷劈事件"以默默删微博而告终。

其实这种华而不实的装置在房地产业屡见不鲜且引得众开发商趋之若鹜。而这样的攀比之风造成了不少中国房地产的怪象：比外立面的豪华程度，比小区绿化率，还比各种建筑风格，请来古木大树，请来各种热带植物……结果往往南橘北枳，大树养不活，天天挂着"吊瓶"；热带植物长不好，日日要遮阳。

很多房子都注重面子，不注重里子，外面看着豪华，里面都是毛坯，更不用说美观和舒适度了。也有室内装修风格炫富的类型，比方说大量使用古典的罗马柱和欧式的各种风格，其实住在里面并不实用。

而随着社会的成熟、财富的积累，人们将越来越不满足于"面子"，而是慢慢开始关注"里子"，关注生活的品质，关注自己过得是否快乐。

2015年，吴晓波老师说了中国人去日本买马桶盖的故事，"日本马桶盖"点燃了中国人对制造业的呼唤。

其实早在2010年，在做杭州万科西溪蝶园项目时，我们就在精装修的房地产市场首次使用了日本 TOTO 品牌的"卫洗丽"，这是"日本马桶盖"的专业称谓。当时很多房产人觉得稀奇，问：你们怎么不用德国唯宝、汉斯格雅的品牌洁具？怎么用了一款日本 TOTO 的看起来不那么豪华的坐便器？

但正是这一个改变，引发了杭州房地产圈对于品质的反思，于是乎当今的豪宅装修，卫生间的"日本马桶盖"已经几乎是标配了。

由于很多客户还是无法接受"干挂石材"之外的品质，而对于外墙涂料嗤之以鼻，认为档次低。当时周俊庭选择了比干挂石材还要贵的 SKK 仿真外墙涂料，这是介于美观与实用之间的博弈，外墙涂料的"保质期"更长，维修便捷；而石材的干挂会逐渐产生使用寿命和维护成本的问题，比如干挂石材使用的金属架以及石材接缝之间的玻璃胶，都是有一定的使用寿命，而相对于房子的使用寿命，这些都是更短期的，会导致后来外墙的渗水和脱落。

因此维护成本是这些看起来贵的房子的大问题，其实这个问题在西方已经出现了：子孙继承了父辈的城堡（还不是房子，是真的城堡），但却支付不起维护费用，只得遗憾地转让。因此好房子还要计算维护的成本，购买的支付只是一个开始。这也是一种从面子到里子的转变。

社会在进步，会逐渐认识到这一点，而作为想真正给居住者带来美好居住体验的建设者们，更应该顺应潮流，多做里子，少做面子。

老周在建村民食堂的时候有一个乌托邦式的理想：百万富翁和一介平民可以在同一张桌子上，吃着同样品质的烧饼和油条。

一个社区的根本之美在于和谐，而这种和谐不是某一个人群内部的和谐，而是更多社群之间的和谐。房地产开发商喜欢采用"高端""尊贵"这样的词汇，其实是将自己束缚在"高冷"的紧箍咒里面。

　　社会原本就是多元化的,有富人也有穷人,我们希望建设的理想的社群,里面包括那些付出简单劳动,却获得相对低收入的人们。犹太建筑师丹尼尔·李布斯金来的时候对食堂提出一个问题:这里的建筑工人、清洁工在食堂消费得起吗? 我非常自信地告诉他,这正是我们所坚持的理想。

　　而韩国建筑师承孝相在看完良渚文化村以后说,你们不是在建设一个小区,而是一个社区(community),在营造一个共同体(common)。在这里,老人、孩子,穷人、富人都找到了一种安心、稳定的生活方式。

　　那些身外之物,都是面子;而生活本身,才是里子。

壹拾柒
三年不换的照片

老周所带领的杭州万科,背负着万科集团总裁郁亮下达的"打败绿城"的使命。在产品的品质上,万科人都认可绿城的营造品质。

老周由衷地赞叹:一个开发商,可以做到政府在拆迁的时候,拆迁户说要是拆迁安置房由绿城来建的话,他们就配合拆迁。这样的企业在整个房地产行业都不多见。由此可见,"打败绿城"谈何容易。

而良渚文化村就从一张照片开始。很多人买房子的时候,都是被房地产商的平面广告所打动,以产品为主导的房产广告很简单,就是一张效果图。老周有一句经典的论断:绿城的效果图看起来很漂亮,可是房子盖出来,比效果图还漂亮。如果是反过来,效果图看着不错,房子造出来不如效果图,客户便不买账了。

良渚文化村在市中心世贸酒店的户外大幅广告到期更换时,广告公司一连出了几次图，老周都不太满意，他后来告诉营销部经理艾飞：良渚文化村要找到一张照片，这张照片要比效果图更漂亮，而且三年不许换。

当时我们也曾尝试过在老业主当中发起征询老照片的活动，最后得到的照片相当有限，在营销推广上也无法使用，有记忆点的照片都不够美，可以作为户外广告的照片几乎没有。

后来，我们还是沿用了一张拍摄于竹径茶语湖面的照片，这张照片至今还在使用。

一次偶然的机会，我认识了这张照片的拍摄者。2014 年，我跟毛毛一起去考察位于西湖边的知名酒吧——旅行者，酒吧当时在扩建酒店，老板的外号叫"悟空"，良渚的这张照片就是出自他的手。他还可以准确地说出当时的策划部经理——潘少波的名字，少波是 2008 年前后在文化村服务，同时后来也成了"村民"。

"我当时也是在这里耗了好几周，终于等到好天气，才拍到了这张照片的。"悟空用淡淡的口气说，那时候他已经从摄影爱好者和酒吧老板，转战到了潜水圈，还是职业的潜水摄影师，他的旅店墙上挂着的都是他的摄影作品，让他骄傲无比。

"但是还是有所遗憾，就是天空不够蓝，所以后来还是略微处理了一下。"这张照片一直用到现在，用了已经不止三年。

房地产项目也需要通过一个口号来凝聚客户。杭州地产界早期有很多很好的口号，当时青鸟广告和精锐广告各领风骚，如"琴声铺满回家的路""曾经是帝王的家，如今是我们的家"，甚至还有"春江潮水连海平，海上明月共潮生"的古典风格,都是江南一代的婉约派口号。

而营销见长的万科也有喊口号的传统,比如"我能与这个世界保持的距离""骨子里的中国""世界在此岸;世界在此向前"……当年也是地产营销界学习膜拜的标杆。

良渚文化村也有自己的口号,我认为迄今为止,最好的主口号有两个:一个是"正在生长的小镇",一个是"一个梦想居住的地方"。前者是最初南都时期的推广口号,后者是老周时代常用的口号,之后便无人能出其右。

良渚也有一些分项目口号,如竹径茶语的"心灵归属在乡村",阳光天际的"坡地上的西班牙",白鹭郡东的"小镇的大师之作"以及整体的"小镇生活主入口"。

这些口号开始还挺婉约,到后来越来越直接,这可能与这个时代及房地产的变迁有关系。含蓄不再吃香,而赤裸裸的表白才一针见血。

最近甚至出现了极具爆点的口号:"毛坯不幸福""80万住万科""万科首个亲情社区养老项目""三好样板"等等。

此外良渚文化村的一些配套也有过很好的口号,比方说安吉路良渚实验学校的"静静生长,悄悄灿烂",是非常有画面感的。

壹拾捌

无印，良渚

真正好的东西是不需要印记的。

2008年年底,老周改造良渚文化村时,发起了"无印行动"。他下令立刻取消伫立在良渚入口山头上的三角高炮广告,取消了小区内所有的道旗,取消了工地五颜六色的围挡(尽管这些工地围挡、道旗后来又回来了)。后来良渚文化村也去掉了前缀"万科"二字。

一个真正的好项目,不用把企业品牌放在最为显眼的地方,来的人会主动询问这是谁做的,并记住这个公司。

中国现在处于"过度商业化"氛围中,而在一个乌托邦的小镇里,不应该有太商业化的符号,才能让人仿佛置身于国外,生活朴素而简单。没有商业味浓厚的广告牌,才是世外桃源应该有的包装策略,不是吗?

无印良品(MUJI),按照其创始人金井政明先生的说法,就是一种产品的"性格"：平时你不注意的时候不会觉察到"它"在那里，而它就是默默地存在着，支持着，就好了。而无印良品的营销策略就是把强烈的品牌信号融入产品与生活里，这种无印的生活反而成了一种生活美学。

良渚文化村与无印良品的缘分也是一波三折。

至今在万科世贸办公楼15楼的一角，还挂着无印良品董事长赠送的一幅照片，而这张照片的"身世"说来有趣：原本是要送给杭州万科第二任总经理傅明磊的，却由当时良渚文化村策划团队的作家——黄石保管。在老周上任后不久，黄石把这幅画给了他，并留下了一句话：这是我替万科保管的，现在正式转交给你。

后来，无印良品中国总部的副总经理夏峰告诉我，早在2008年，无印良品就想与国内第一大不动产商——万科达成共同发展的意愿，当时就是通过黄石找到了杭州万科的总经理傅明磊，还约了金井先生来杭州拜会。

不巧的是，2008年爆发了"青年置业计划"的客户群体投诉事件，傅总无暇与日本友人见面，临时爽约，害得这位副总经理也难以交差，事隔许久依然难以忘怀。

在不成功的第一次接触后，第二次的接触是在付桑的推荐下，无印良品的海外业务负责人松崎晓先生造访了良渚文化村，那是在2010年。

松崎先生掌管无印良品的海外业务多年，个头不高的他，有着日本人传统的彬彬有礼，而在西方教育背景下成长的他，也同时带有国际化的眼光。据说他为无印良品打开了欧洲市场，位于英国伦敦的第一家店就是他去洽谈的。他也是亚洲片区的负责人，如何打开中国市场成为他的主要任务。

走进梦想小镇

我带着松琦先生参观了良渚博物馆,在博物馆里他看到了木结构的建筑,感慨道:木结构是从中国传到日本的,并在日本保留了下来,原来良渚是木结构的发源地之一,而现在MUJI将木结构住宅的传统沿袭下来,希望反哺这里,这是一种报恩。

松琦先生问我,良渚是不是原来就叫这个名字。他说:良品和良渚在日语中发音相似,都有一个"良"字。这是一种缘分的暗合,说明都是好的东西(良在日语中是"好"的意思)。

我相信松琦先生对良渚有颇多好感,他当时给了三个合作的建议提案:MUJI House(无印之家)、MUJI Meal(无印餐厅)和伊代(Idee)品牌。

Idee是MUJI创办的独立的生活用品品牌。因为无印良品的文化与风格太为强势、固化,很多天才的设计师都无从发挥,于是他们把独特创新的设计师都聚在一起,创立了Idee这个品牌。后来Idee的设计师来跟我们做了一次专门的提报。

我们当时比较看中的是无印之家,是无印良品盖的房子,整个房子都是预制搭建好的,包括室内的装修和软装,都是由无印良品提供全面的解决方案。当时还专门请日本建筑师津岛先生做了一个MUJI Village的方案,也就是说把无印良品建的房子放在玉鸟流苏里,建一个"建筑的公园",如果这个项目落成了,那将是非常有意思的。

此外就是无印餐厅了,是无印良品做的餐饮,主打有机概念。我们后来专程去日本体验过,目前已经在中国成都有了试点。当时松崎先生最担心的就是如何将餐饮引入中国,因为无印良品餐厅主打的是"有机"的概念,而在国内几乎找不到符合日本标准的"有机"食品。

2014 年的冬天,无印良品的年度设计大奖 MUJI Award 在良渚召开最终评审会,当时日本设计界的大佬深泽直人、原研哉,德国设计师以及中国台湾地区、香港地区最顶尖的设计师都云集良渚,而我也有幸观摩了这个评审会。

在最后的庆功晚宴上,松崎先生喝了一点红酒,并在致辞中说道:"MUJI 的第 100 家店是开在苏州万科,我希望第 300 家店是开在良渚文化村。"

如果良渚文化村和无印良品的缘分还可以继续,我们乐于看到"两好合一好"。

无印

一个真正的好项目,不用把企业品牌放在最为显眼的地方,来的人会主动询问这是谁做的,并记住这个公司。

壹拾玖
莫向外求

前些天杭州有一家企业打了一个房地产的广告,画面上是一个大大的蛋,让人猜里面会孵化出来什么;还有一则寻狗启事,说住在某小区的"汪星人"丢失了,重金奖赏 30 万元寻狗。此事件被业内戏称为"狗蛋营销"。

我曾在杭州某报社楼下的星巴克,偶遇述"狗蛋营销"的策划者之一——李某。老朋友聊了许多策划案背后不为人知的心酸,就价值观、行业竞争、致富机会、二次创业等议题交换了意见。最后李某痛骂体制无能,说再这样自己要干不下去了!

其实,我撒了一个谎。

我的确是偶遇了李某,但我们的话题并没那么"高大上",只是在"八卦别人"和"吐槽自己"。他更是没有发表最后那段"豪言壮语"。

这就是"狗蛋营销"的本质——荒诞的谎言。这种心态可以用一个字概括——求。求什么呢？求关注、求认同、求扩散。

这种"求"的方式可能不那么可爱、真诚和善意，邪恶狡猾地利用了人的好奇心与同情心，使得大伙儿都关注了"求"这件事的本身，却忽略了"求"的主体。

大家赞许的是引发关注的创意，鄙视的是不择手段的开发商。而我却很同情开发商，花了天价的策划费和广告费，却换得一个"low"（低级）的骂名。

其实这种"求"是基于"外在"，而不是"内容"。当形式大过了内容，就本末倒置了。

我更钦佩那些敢于在媒体上承诺品质，把"质量好不好，客户说了算"挂在工地上的开发商；敢于在开盘前给每位意向客户一本厚厚的《产品说明书》的开发商；敢于在交房的时候给业主一张"验房单"的开发商。这都不是求关注的"眼球经济"，而是"不向外求"的自我修炼。

一次，我跟主管营销的宗副总经理汇报：员工工资不涨，干部满意度低，没有激励机制，导致品质服务下降。他却反问我："你问问你们团队，自己做到足够好了吗？"

我无言以对。

当"求"于外部成为办不成事的借口，那么"求"这件事本身也会变得苍白无力。"反求诸己"是一种"不向外求"。

我想到了良渚文化村的《村民公约》。

村民公约第一条写着"我们乐于参加小镇的公共活动"，出现的第一个词语是"我们"，当"我们"成为公约的主体，公约本身就是一种对主体内在修为的约定，这是它真正的伟大之处。

为了实践公约,我们组建了"村民公约办公室",让所有的员工都背诵村民公约,都遵守行车文明,这也是一种人人自律的精神。

"自律公约"也是一种"不向外求"。

"莫向外求"是佛教用语,"莫"和"不"差一字,却蕴含了更多"规劝"的意味。其主要意思是要关注修行人的"内心",不要被"外在"的因素所影响。

"外在"的遭遇往往是人所不能掌控的,比方说推广的噱头会被领导表扬还是忽略,"狗蛋营销"会被公众追捧还是被甲方骂,稿子会被领导枪毙还是侥幸"出街"。

如果把获得外在的关注、外来的物质作为人生当中幸福感和成功的基础,那这样的幸福是短暂的,是"无源之水,无本之木"。

莫向外求,重要的在于修炼自己强大的内心以及精巧的匠心。

贰拾
心怀世界

坐在我对面的这位长得像福尔摩斯的莫尔先生是世界自然基金会的全球干事,他毕业于剑桥大学的核物理专业,曾服务于联合国潘基文办公室五年,现在定居瑞士,工作地点在格朗(Gland)小镇。

格朗是瑞士日内瓦湖畔一个无人知晓的安静小镇,当我们驱车来到这里的时候,当地的驾驶员要靠 GPS 才能找到我们拜访的这栋建筑。下车后,脚下踩着细细的小石子沙沙作响,这是藏在住宅区里面一栋不起眼的四层小楼,登上台阶走进大门,就是世界自然基金会的全球总部。

世界自然基金会是全球最优秀的自然环境保护非政府组织,最广为人知的是它的标志——一只黑白分明的大熊猫。该组织从濒临灭绝的动物保护开始,把大熊猫作为标志,最早进入中国开展大熊猫保护,后来拓展到其他环境生态保护领域。

世界自然基金会的前台布置得十分朴素,甚至有些简陋,却是每日都在接待来自全球各地的自然保护主义人士。

迎接我们的马库(Marco)先生是新上任的 CEO,他的英文有浓重的意大利口音,但是这并不妨碍大家的交流。我们被引到位于地下室的会议室,墙上贴着大熊猫的海报。这在异乡的亲切感很奇特,来自中国的濒危动物,现在却在万里之外的瑞士格朗小镇成了世界的环保人士的图腾。在全球化背景之下,没有任何生物只属于某个民族或者政府,它们是属于人类的财富。

简单茶歇后,就是坐下来的会谈。马库先生告诉我们,当地镇长富有远见地给了他们这栋房子终身免费使用,因此他们把这里当作总部。渐渐地,小镇便开始迎接很多来自全世界的人。

所谓的国际化,并不是走出去看看,抑或是身边多了几个老外,而是一种心怀世界的胸襟。

马库先生对我们的到访表示欢迎,会谈结束后我们共进午餐。我们步行从办公室出发,走过几条冷清的街道,到了一处民宅中的小咖啡馆,中午人气满满,我们找了一个小桌子坐下。午餐是鳕鱼和意大利面,以及一杯咖啡。

吃完走回办公室,有一条捷径,但要经过一处私人停车场。马库先生看到虚掩的门,让大家跟着他走,而随行的办公人员提醒道:"马库先生,门上可是写着'私人停车场禁止入内'啊!"马库先生风趣地说:"我们也不总是教条,而且,我是意大利人。"

我们也曾想做一个国际化的住区,当然也希望有老外住在村里,但是国际化不是外在的形态,而是一种面向国际的心胸,比如非政府组织的引进。我当时冲动地跟老周提议,甚至还做了一个 PPT,建议把玉鸟流苏全部租给非政府组织,建立一个非政府、非营利性的村落,让良渚文化村更国际化。

现在想起来这个想法似乎可笑,如果非政府组织都付不起房租,那么作为商业机构要如何运营?

当时老周并不支持我的想法,他问我:"如果让你去做非政府组织,你去吗?"

我一时语塞。确实,己所不欲,勿施于人。如果真的想引进非政府组织,那不如自己先去做一个志愿者。

《万科家书》上曾发表了一篇文章,统计了良渚文化村里的公益机构,还真不少,2015 年年底"第二届全国自然教育论坛"也将被江南驿国际青年旅舍和植物私塾联合承办下来。

我相信,只要有胸怀天下之心,就会有名满天下之小镇。

第二章

社群的邀约

壹
共同体

村民公约最早起源于日本的"妻笼宿",村民们为了保护当地人传统的生活方式不被外界干扰,相互共同约定了"三不"——不租、不卖、不用。

"公约"源自共同的意愿,成文并"公"告,目的是人们共同遵守,可称之为"约"。

我宁愿相信,日本保留下来的丰富的村落文化和公约意识都是源自古老的中国,事实上如果专家愿意考证的话,结论大抵也会如此。重要的是,我们应该更多地去探讨其内涵,以寻求构建的方法。

通常我们称作"村落"或者"聚落",是一种地理上的说法,比方说:良渚地区之前就有大陆村、崇福村这样的原住民形态,就是自然村落;良渚文化村的建设规划导则里就有"以村落的布局"来规划现有小区。

在现代的生活模式中,村落的模式已经发生变化,城市化生活被叫作"社区"

或者"社群"，英文就是 community。

community 的前缀是 comm，是"共同"的意思；unit 是"单元"的意思，因此联系起来就是"共同的单元"，或者说"共同体"。

"社区"这个词在当今的社会中是被侏儒化了的概念，人们想到的就是城市里最小的行政管理组织，甚至与居委会、社区支部等画上等号。事实上在西方国家，社区是一个极其重要而且高级的词语。美国总统奥巴马就在社区做过 2 年的志工，而"社区"也是在他的演说中提及率最高的词汇。

"村落"和"社区"的共同之处在于一堆人生活在一起，而不同之处在于人与人之间建立的"关联"。

以前交通不发达，村落成员相对稳定，靠血缘维系；现在的社区是现代化、城市化的结果，大家来自天南海北，本来互不相识，却住到了一起。那么，如何构建这样的新社会中"村落住民"之间的关联呢？

一次，我和总经理刘肖陪同华润集团的一位领导参观良渚文化村，他在看《村民公约》锈板的时候，读到第一句时便拍案叫绝："'我们乐于参加小镇的公共活动。'为什么是'乐于'而不是直接写'参加'呢？乐于这是一种态度，是一种积极的心态的转变。"

当"村干部"三年多以来，我已经数不清听过多少次这样的感慨了。可喜的是近期本地的同行绿城推出了"你我公约"，而万科物业也在全国范围内的万科小区将"邻里公约"的标准化推广开来。村民公约已遍地开花。

在周俊庭的继任者刘肖管理良渚文化村的时代，我开始聚焦于文化村的配套运营管理，于是会花更多的时间在村里，静下心来仔细观察住户们的生活，与他们交流,观察他们如何构建社区。

比如,我家里的老人向我要糖果,我便把单位里不少同事的喜糖都给了他,并留心这些糖果的去向。老人若是在小区里碰见邻居的小孩,常会拿着糖果作为长辈淳朴而善意的见面礼,走的时候还会对孩子说:"下次来我家吃糖哦。"

哦,血缘不同的人居住在一起也是需要建立关联的。那这一颗小小的糖果,不就是老人和孩子建立的"关联"吗?

那何为"共同"?不正是因为人与人之间不再冷漠,而是有了温度的"关联"与"共享"吗?

2012年10月在新街坊商业街再次开街的时候,恰逢西方的万圣节,我们鼓励村民的孩子们在这一天打扮成小鬼的模样去商家讨要糖果,糖果店"小熊家"也会发一些糖果给商家准备着。

活动虽说不上火爆,但这是一种"关联"的倡导方法,相信未来会有更多的村民参与,就像后来的"村晚"、跑村赛以及腊八粥,这些事件构成了人与人之间的关联点。

这个想法源于我2002年第一次在英国过万圣节的记忆。

在英国的万圣节,孩子们会打扮成小鬼模样去敲邻居家的门讨要糖果,要是敲开门的主人不给糖果的话,孩子就会掏出鸡蛋砸向这个吝啬的主人。那天全英的便利店都禁止卖鸡蛋给孩子。这种看起来是胡乱捣蛋、古灵精怪的节日习俗,却是给小孩一个堂而皇之去敲邻居门的借口,一个邻里之间欢乐的谈资,在社区中引发关联与公共的社会效应。

记得有一次,杭州本地的一家报纸要组织"邻居节",于是记者打电话给我,他鼓励邻居节人们都行动起来,去敲邻居的门,然后邻居之间做朋友。我对于记者这种幼稚但是又可爱的行为哭笑不得。我告诉他,邻里之间的关系,无法靠这种生硬的行政手段或者是媒体教化建立起来,而是要有发自内心的愿望与愉快的体验,比如万圣节里孩子们扮成小鬼去敲邻居的门索要糖果。

一颗小小的糖果,在西方的万圣节是构建共同体"关联"的纽带,而《村民公约》就是那一颗老人揣在口袋里,等着给邻居孩子的带着体温的糖果。

community(社区或社群)的前缀是 comm,是"共同"的意思;unit 是"单元"的意思,因此联系起来就是"共同的单元",或者说"共同体"。

必须有人做不赚钱的事

我看到一本《中国童话故事》的"前言"中说道：中国孩子是读着国外的《安徒生童话》《格林童话》长大的，而中华文化几千年，难道没有童话故事？这样孩子在长大以后怎样建立民族自信？《汉声》杂志开始收集散落在各地的中国童话故事，收集成册，最后编成365个童话，并配上图画，让中国的家长可以每天晚上给孩子讲一个中国的故事。

黄永松老师是《汉声》杂志的创始人。能在村里见到他，是我毕生的荣幸。黄老已过古稀之年，他最出名的就是"中国结"系列专集。

见到黄老师是在良渚文化村君澜酒店的大堂，那已是深冬的早晨。我裹着厚厚的羽绒外套，而他却只穿了一件单衣和一条亚麻单裤。他精神矍铄，有一种让我辈很羡慕却无法企及的生活状态。

"不好意思啊，让你久等。"

他见到我显得格外客气，一股暖流通过握着的手传达过来。我告诉他我们要出去到村民食堂用早餐，建议他最好穿一件外套。

他说："不好意思又要你等我一下，我以为就在酒店用早餐，我回房拿件外套。"他还是很客气。不一会儿，他穿着一件黄色羽绒服出来，那是一件已经十分破旧的衣服。

黄老坐上电瓶车后主动说，他之前了解过良渚文化村，也去过良渚博物院。万科的人曾两次请他来做2015年万科世博会世博馆的项目，一次还专程跑去台湾邀请他，但是他实在排不出时间，十分惋惜。他在宁波慈城的项目老总是良渚文化村的村民，也跟他提过多次，希望他能来村里做客。

我引他来到食堂，抬头看到"大过马年"的年画挂在食堂门口，黄老十分开心地说："大过马年的年画在村民食堂里很神气啊！"他在神气这两个词加了重音，用词精准而恰如其分。

我告诉他，这是晓风书屋的老板朱老师送的。而在此前决定挂年画和展出马年的时候没想到黄老师会来，当时只是想着，食堂也是教育的场所，不如多挂一些年画，让村民感受到中国民俗的味道。

我们准备了烧饼、油条和豆浆，接待办的怀玉知道来了客人，都会提前把这些传统的东西准备好。黄老吃着油条，说："我们台湾现在所有的人都在吃这种早餐。"

由此黄老说到了中国的面食文化："中国的面食文化在世界上都是最博大精深的，会用不同的方法，不同的手势，就这样揉捏，改变面里的分子结构，用各种烹饪方法,变换出各式的面食。"他一边说,一边做揉面的手势。

有一次意大利大使馆做一个两地面食文化交流的活动,请来意大利面食和中国陕西面食的大师傅进行 PK,最后陕西师傅一个人做了 200 多种面食,把意大利大厨的比萨和通心粉打得"落荒而逃"。他说起这个故事的时候洋溢着自傲感,眼睛里闪着光。

我向黄老介绍了村里的《村民公约》以及公约自诞生以来的演变和发展。

黄老告诉我:村民公约最早起源于日本,日本有一座小村庄叫"妻笼宿",在那里最早诞生了村民之间的约定,全村人为了维护村庄的环境,共同约定"三不"村约:不租、不借、不卖。

黄老早期研究中国的村落文化,他的村落文化读本还成了台湾大学生的课本。黄老说,良渚文化村的建设很有意义,是一种对传统的修复和传承,社区的建设和营造在台湾地区做得很成功。

我告诉黄老,我们在台湾地区学到了很多社区的经验,如台北的垃圾分类、社区志工,还去参观了慈济,知道了非政府组织对社会和社区进步的意义。很高兴可以看到传统的中华文化美德得到了如此完整的保留。

黄老说,他觉得自己非常幸运,小时候在台湾过年,很多"眷村"里住着大陆的老兵,他发现这些老兵在过年时都会贴门神。后来他发现,不同地方来的人挂着不同的门神,于是开始收集,跑遍台湾就把整个中国不同地域的门神几乎都收集齐了。

后来两岸关系和解,大陆开放台湾老兵与内地的探亲,他就随着这些台湾老兵到了大陆,想进一步进行民俗文化的收集和研究,结果却发现大陆这些传统东西快消失了,十分着急,于是自己花钱做这些文化的抢救工作。30年下来,他将民俗文化资料保存得最完整,于是他在北京开设了汉声工作室,将他收集的民俗文化再反哺到大陆。

我发现与黄老的谈话中,"幸运"是他反复强调的。

他现在四处做演讲,很多台湾的爸爸妈妈都带着自己的孩子来听,而这些爸爸妈妈都是看汉声杂志长大的,他为汉声可以影响台湾一代人而感到无比骄傲。

鼓起勇气,问了黄老一个问题:"在一个房地产企业内坚持做'社区'很不容易,因为企业需要不断追求盈利,而我们团队做的事情在企业看来都是'不赚钱'的事,以至于大家都说,'不赚钱的事情找沈老板'。而这样时间一长久,执行团队会慢慢丧失斗志,因为在企业得不到认同,再执着的理想也会被慢慢被现实消磨殆尽。"

黄老告诉我:

这个世界有人做赚钱的事,就必须有人做不赚钱的事。你看,我就是一个例子,三十年前,我刚开始做汉声杂志的时候,从来没想过赚钱,当初只是想着,赶紧把这些东西抢救下来、保存下来,为了我们的子孙后代。后来我还问父母亲借钱来做这样的事情,就这样坚持下来。你看我现在不是很好?我感觉你们就在做反着的事情,社会就需要有人反着来的,这个世界才会平衡。

黄老师后来提笔写下"已喜汉声小中能见大,更期文化玄外有余音"。大师的话语细腻温暖,触及内心,我辈备受鼓舞。我把英国二战时期的名言"Keep Calm and Carry On"(保持冷静,并坚持下去)写在了本子上。

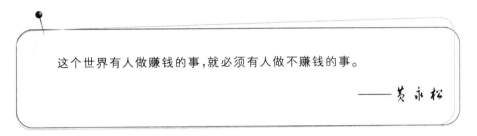

> 这个世界有人做赚钱的事,就必须有人做不赚钱的事。
>
> ——黄永松

叁
乘凉的空间

我曾住在杭州市区一个 20 世纪 70 年代建造的老小区,老小区的特色就是停车要抢车位。

一天晚上回到小区里,发现家门口还有一个绝佳的车位,我一脚油门冲过去,才发觉隔壁邻居高伯伯正坐在那里拿着蒲扇乘凉,他见我冲过去,慌忙让开。我顿时为自己的鲁莽感到十分羞愧。

高伯伯开始有些恼怒,见是我回来了,一边忽扇着蒲扇招呼我开过去,一边眯着眼对我笑。此时,车灯照得他睁不开眼。

高伯伯是我们家的老邻居,从小看着我长大,是我打麻将的启蒙老师,他家里要是做了好吃的,总是会分我们家一些。他的三个儿女都已经成家立业,现在只有他和老伴住在这里。

我忽然意识到,现在这片停满了车子的空地,在我小的时候都是街坊邻里

"乘凉的空间"。

　　每逢夜晚降临,邻居们就会搬着凳子坐到外面来,三五成群地围坐在一起拉家常,孩子们就在一旁玩躲猫猫,有时候会搬出电视机一起看电视(那个时候并不是家家户户都有电视机),家里做的食物都会拿出来分享。吃完西瓜,孩子们就拿西瓜皮来引诱金龟子,抓到以后拿纱线绑着玩,金龟子便飞不走了。

　　大院一样的社区构建了儿时的人际关系。可在今天,不少小区原本的"乘凉的空间"却都因为车位规划不足而改成了停车位,小区的人们不再相互认识,邻里关系越来越冷漠,是不争的事实。

　　在建筑和规划学科里,这属于都市的微空间设计,或者社区公共空间的设计,都市生活的"以人为本",就看这些细节。有一次跟一位建筑师朋友讨论到城市微空间设计,他跟我分享了他的发现:他去学校接送孩子,发现很多家长都会顶着烈日、站在校门口等待孩子放学,在等待时就会一起聊天,他觉得这是中国社会一种特有的现象,在国外一般都有校车,孩子放学都是自己回家。

　　"那我们为什么不把学校门口这样的空间设计得人性化一些呢?"这位建筑师朋友讲到这里的时候,情绪有些激动。

　　"如果我们考虑到人性化设计,给家长设计一个阴凉并且可以坐着等候、方便交流的空间,那该多好!"

　　同样的,如果老旧小区里可以保留一些"乘凉的空间",把人们都吸引出来乘凉,不但节省了电费,更环保,还增加了邻里之间交流的机会,这样的城市微公共空间会令生活更为温暖与和谐。

远亲不如近邻,通过设计来构建社群,这就是社交的邀约。

在良渚文化村里有一个小区的公共空间的设计值得推广,那就是白鹭郡东。

白鹭郡东最核心的公共空间是在小区中心位置的"树阵广场";半公共半私密的空间是每个 block(街区)上的平台;而私密的空间,就是每个单元楼道前面的空地与绿化带。公共、半私密、私密空间的过渡,是建筑师对于社区空间的极佳营造手法,与人交流毫无障碍,也完美诠释了建筑师对于空间、自然和人之间关系的思考。

整个良渚文化村的小区,除了白鹭郡东可以找到"乘凉的空间",其他的小区没有一个真正意义上可以做到,或者说做得还不够好。

不过,白鹭郡东的设计因为超前于市场太多,尤其是在外立面的营造上太过特别,确实给销售带来很大的困扰。时任销售负责人的钟国良跟我抱怨:白鹭郡东卖不掉,小区没有地铁,房子的外墙设计惨白一片,不符合国人审美……

我告诉他可以这么说:"英国建筑师大卫·奇布菲尔德在中国有三个作品:良渚博物馆、九树(南都房产团队开发的另一个高端楼盘)以及白鹭郡东。博物馆是非卖品,九树要卖 2000 万元一套,你可以收藏的只有白鹭郡东了。"

其实看看伦敦,它的西区是传统意义上的富人区,但是那里地铁相对较少,交通也不方便,为什么?因为地铁到达的地方会带来大量人流,造成小区的人口结构复杂,因此,没有地铁才是富人区的标志,而以地铁为代表的公共交通是给普通人的配套。

杭州房地产业内有一句十分著名的话——客户什么都不懂。这并不是对客户的不尊重,从另一种角度而言,建筑师就是要引领客户的审美和需求,创造出令人爱不释手的产品,这样才体现出建筑师的专业性。

　　"我们每一个作品都是精品,都是一个令人安心的家。"这句话也揭示出,只有用心,才能赢得客户的尊重。

> 　　远亲不如近邻,通过设计来构建社群,这就是社交的邀约。

肆

村约无字

"村民公约"的诞生可以说是中国社区划时代的产物。

在"村民公约"诞生之前,杭州万科派团队去我国台湾地区考察社区治理,在台北的一个叫"樱花汤泉"的社区里,我们看到了社区治理的力量,看到了中华传统文明下现代社区的邻里文化,看到了社区改变社群人生活的真实案例,看到了海峡对岸基层民主建设的难得成果,同时也看到了社区对和谐社会的积极贡献。

当时去台湾的团队成员有一个毕业于东南大学的新同事叫姚燕,我曾经是他的入职引导人,类似于新人来公司的"导游"。她在带队考察回来后给大家做了一个汇报,题目我至今印象深刻:敦亲睦邻,守望相助。

台湾地区有一套齐全的官方和民间的治理制度,社区每两年选举一次社区"业委会主任",而业委会主任会参与区域治理官员——"保长"的选举,保长再往上就是"议员"了,对一个"选区"的选民满意度负责。

我们后来又去了新加坡一个叫"淡滨尼"的社区,那里的社区治理模式也是类似的。一个 20 万～30 万人口的社区有一个治理委员会,委员会以志愿和政府委派相结合的方式产生。志愿者慢慢走上政治路线,就可以参与选区议员的竞选,而选区议员由几个人组成,对社区的治理和社区选民的安居乐业负责。

我国的政治制度决定了"居民的社区"和"组织的社区"不是同一个概念。社区和居委会往往是最小的社会管理单元,并且在这个单元下实施着户籍、计划生育、党建工作、社区文化、防疫等"社区管理"工作,这样的管理还是自上而下的。而社区的治理人员往往都是离退休干部,缺乏基层生活的经验,更不用说如何与年轻人沟通,因此慢慢会与主流的民众产生脱节,社区成了老年人活动与党的思想教育中心。

此"社区"非"社群"也。

之所以说"村民公约"是划时代的,就是因为它是在城市的"公民自治""民主参与"的民众意识觉醒下,自下而上产生的,而在自下而上的过程中,基层社区组织、业主委员会等组织都还没有成立。

我常在思考,这与中国房地产飞速发展 10 年的大背景有联系,与良渚文化村独特的情况也有联系。

首先,在中国"买房"始终是一个有门槛的事情,至少买得起房的人都是有一定经济实力的人。经济基础决定上层建筑,在新型社区的人都是至少受过一定教育并有一定社会地位的精英人群。

其次,杭州是一个有深厚文化底蕴之地,浙江出了很多教育家和革命家,如蔡元培、郁达夫等,这里的人天生有一种革命与追求理想的精神。

再次，强烈的价值观聚集了一批这样的"隐居"人士，而这样的人在社会上的某种"失意"也引起他们在社区内表达自己的"政治诉求"，他们向往着理想的乌托邦社会。

最后，万科有一个"客户满意度"调查，调查者是美国大学的调查机构——盖洛普，加上"客户是我们成长的伙伴"的理念，我们十分关注客户持续的需求，每一年都会用老社区的客户满意度来评价公司的管理能力，这是一个非常科学的制度设计。

说到村民公约，不得不先说说村里的传奇人物——海老大。

为何叫"海老大"？是因为他最早毕业于地质勘探大学，曾就职于海洋局，村里人在网上都称他为"海爷"。海老大已七十多岁年纪，但身体还是相当健硕，声音洪亮，他的太太是清华大学毕业生，温婉又知书达理。海老大虽然是"老三届"，但是却很潮，上网灌水、出国旅游，年轻人爱做的事情，他一样不落下，还做得一手好菜。

他最得意的就是年轻时凭着一箱子的书信传情，俘获了太太的心。因为海老大是地质勘探专业的，长年累月不在家里，两人总是天各一方。后来到了海洋局，因为看不惯官场的那些浮夸的官僚作风，愤然离职，隐居在良渚文化村里，从此过上了业余作家的生活。

良渚文化村村志最早就是出自海爷之手。而海老大当时的出发点也很有意思，就是无事咏叹一下村里的生活，感慨一下理想。后来他的帖子在"搜房论坛"上引起了不少业主参与讨论，比方说与"奇思妙想"王群力等村民碰撞出思想的火花，大家你一句我一句，聊得热火朝天。

当时文化村的客服部经理潘卫群(在网上被称为"盈盈")了解到此事以后,立刻上报公司并与村民代表一起去挑了一块大石头,将"村志"镌刻上去,放在小区最为醒目的位置。可以说这就是《村民公约》的前身。

在最早策划村民公约的时候,首先是开了一次业主讨论大会,当时是由营销部的策划负责人潘少波组织,结果业主大会险些成了批斗大会,尽管征集意见的初衷是好的,还引入了公众参与的理念,但是,在初级阶段,很多社区业主只是在进行非理性的投诉。

我们参考了业主的想法,拟定了第一个版本的村民公约,后来很快就被公司"枪毙"掉了,晚上开会时,我们坐在会议室一条一条地写,然后大家一条一条地提意见。

记得当时刚进入营销部的王一川提了一个意见,就是用"我们"这个主动语气代替"不许、禁止",大家对此十分赞同。最后公约里的"主动语气"得到了很多媒体的认同,是群策群力的结果。

在一周内做完了业主寻访和反馈之后,我们又开始了本地媒体高层恳谈会,这是舆论上的征询意见与统一思想。

当时我们请来了杭州以及华东地区不少媒体高层,如浙报集团、新华社浙江分社、杭报集团、《新民晚报》《解放日报》等,在场的媒体大佬畅所欲言,都对社区公约的举动提出了不少意见和建议,媒体界也对《村民公约》产生了很多好感。

之后就是 2011 年 2 月 27 日的《村民公约》发布会。发布会当天应邀来了500 多人,100 多辆车,50 家媒体,而活动执行本身也成了一种体验式的"动员",100 辆车进村没有一辆按喇叭,秩序井然,这样规范的动员行动,已经超出了活动本身的目的,成为一种社区的教育。当时《都市快报》记者拍下了这一幕。

很多人说"村民公约"不可复制,诚然,小区各有特点,无法做到完全一致,但某些方法还是可以借鉴,比方说:总经理在统一团队内部的价值之后,将横向的几个部门协同起来,如客服、营销、设计、工程、配套等等,形成全环节的管理方式,或许大型社区的"管委会"模式是可以尝试的。

此外,做好事的决心也很重要,当我们决定做《村民公约》的时候,征集了将近4000户良渚文化村家庭的意见,很多村民都因二手房数据不全或者移居到了国外而联系不上,但在公司严格的要求下,还是想方设法不断接近100%的访问目标,最终这次史无前例的"动员"定格在了97.3%的回馈率。

这是一次"一根筋"到近乎"行为艺术"的社群动员,也只有怀着这样的动员决心,才能把更多的人拉到一纸"共同的约定"当中来,最终达成整个社区的共识。其实这样的公众行为也可以看作是社区民主动员的萌芽。这个萌芽的发动者正是这个社区的建设与管理者——万科。

伍
志愿者文化

台湾地区有成熟的社区治理经验,从基础上而言其志愿者(志工)文化和体系发展得值得我们学习。在台湾,志工和义工有区别,志工有着非常完善的体系。而在美国,志愿者更是一个国家民众参与意识觉醒的标志。

美国法律规定,凡是参加志愿者服务超过 2000 小时的公民,在大学的时候可以申请奖学金及无息贷款。美国总统奥巴马也做过 2 年的社区志愿者,而美国的企业更是看中员工当志愿者的经历。

在英国,志愿者是国家专门立法给予保护的对象。英国也是全世界输出志愿者最多的国家,大学生都会被要求有在贫困国家做 1～2 年志愿者的经历,这也是英国绅士文化的一种延伸。

良渚文化村的《村民公约》发布以后,我们建立了村民公约办公室,最初的想法是成立一个组织来保障《村民公约》的执行,后来又演变成了"两办",即"村民公约办公室"和"垃圾分类办公室"。半年以后,又多了"一办"——"接待工作办公室"。

于是乎,"三办"这个词就这么产生出来了,我们称之为"三块牌子,一套班子"。

村民公约办公室最早的负责人是熊宁,她是由村里大事小事都要管的客服经理潘卫群带出来的,像他干女儿一样。她在我们客服部门的领导下,做各类公益活动,比方说"山上捡垃圾""维持交通安全""行车文明"等。而在熊宁领导下的垃圾分类办,工作更为具体,不但要负责筹建垃圾分类宣教中心,而且建成后还要在社区里广泛地推广垃圾分类。

文明行车是村民公约的一项重点,倡导在村里开车车头向外、慢行、不按喇叭、不开远光灯。媒体也关注报道了此事。我们在《村民公约》实施252天的时候,专门对行车规定的实施程度以及按喇叭的频次做过调研。这是一次回顾,通过不断的回顾和重复加强,让社区的人对公约产生信心,才会形成一种习惯。

在《村民公约》实施2周年的时候,我们发掘并推广了社区志愿者文化。目前文化村的志愿者登记在册的已有300多人。这个群落地在村民书房,群里时常有人相约去做社区志愿者。

我们后来从简单的公益类型"献劳动",发展出了"献知识"。有厨师、烘培、书法、围棋、太极拳、植物、阅读等各种志愿者老师,在村里开设村民学堂。这是受到了学校社团的启发,志愿者当然有奉献之心,而且因为存在个体差异,既然可以奉献体力和时间,为什么不可以分享精神和经验呢?

现在提倡的"共享经济",实质是把一些使用频效低的资源利用起来,提高利用率,产生价值。如果从这个角度去看,其实中国古人早有这样的智慧,比方说印刷术,不就是把知识存留下来,提高使用价值和使用频率吗?

后来不少开发商都开始学《村民公约》,出现了不少变异版本,如"小镇公约""邻里公约",但是都没有学习到《村民公约》的精髓。首先,公约本身并非强加的概念,而是一种引导;其次,执行的人自己先做到,才能要求客户做到;最后,公约是一种持续的管理和引导。

在村民公约发布以后,杭州万科发起了村民公约背诵考试,每个参与的人都要背得出来,在开会的时候会冷不丁地被问起,如果背不出来就惨了。为此潘卫群还发明了一个简单的背诵口令发给大家,后来似乎效果还不错。

从某些角度讲,我们尊崇的是"阳明心学","知行合一"是必然要遵循的原则。如果要有和睦的邻里关系,所有的行动都要按照这样的发愿心去动作,同时也要做到自律,要求别人做好邻居,自己要先做到。

同样的,要求别人做志愿者,自己要先做志愿者。

从某些角度讲,我们尊崇的是"阳明心学","知行合一"是必然要遵循的原则。如果要有和睦的邻里关系,所有的行动都要按照这样的发愿心去动作,同时也要做到自律,要求别人做好邻居,自己要先做到。

伍

一本家书抵万金

《家书》不是书信,而是一本社区杂志。看到这个名字的时候,心里就是暖的,翻开后的感受更是如此。

《家书》这个名字是周俊庭管理良渚文化村时定下的,宣传语叫"家书抵万金"。万科公司有著书立说的传统,因为浓厚的文人气质和精英文化背景,比方说关注邻里的物业杂志《邻居》、关注环保的 *V-ECO*、后来结集出版的《白领》《哈喽,中产》,都是业内人必须拜读的刊物和图书。

《家书》的定位比较简单,但正因为简单才有强大的力量。

做《家书》最初的想法就是把邻里之间发生的事情记录下来,与更多的邻居们分享,是一本给专门写给社区居民看的杂志。尽管记录的都是身边的小事,但是也有主题,都是围绕一种邻里亲善的生活方式。《家书》的核心是以良渚文化村的社区多样生活来代表杭州万科的社区,因此在篇幅上,良渚文化村的内容往往占了大半。记得在 2009 年的时候,该刊的发行量是 5000 多本,转眼 7 年过去了,《家书》如今的发行量已经超过 3 万册。

已经不止一次有单位和公司机构来良渚文化村学习《家书》的经验,有的甚至要仿照《家书》去办一本杂志。

而《家书》的主要策划者兼主编王群力是竹径茶语的业主,也是业主当中相当有影响力的人物,大家都叫他"奇爷"。他最早在广电集团影视频道工作,是浙江卫视集团里名号叫得响的策划人,参与了《温州一家人》的策划与创作,现在据说又在创作续集。

奇爷在村民中威望颇高,与万科则是亦师、亦从、亦敌、亦友的关系。他的名言是:"万科是一个好公司,让我们趴在万科的背上,吸他的血,还要让他们跟着我们走。"他常以"文革"过来人自居,对于"阶级斗争"的方法是了然于心的。而在良渚文化村,万科就被视为"资产阶级",而有房的业主则是"无产阶级"。

当时《家书》出来以后,开始是默默无闻的,而很多好的东西都是这样,鲜花在发芽的时候你几乎看不到他的存在,突然有一天展现在眼前,已是山花烂漫时,她在丛中笑。

按照老周的要求,每一期《家书》出来后,都要给所有认识的媒体记者、政府要员免费寄送。我们很不理解,但是后来逐渐听到了很多政府与媒体合作伙伴的反馈:"办公室的宣传杂志很多,万科《家书》我们每期都看。"

《家书》的编辑一直都没有换过,一男一女,男的叫张岩,女的叫金晶。

张岩是闷骚的男孩子,爱折腾照相机,并自称为良渚文化村最"八卦"的人。尽管我们的交谈很多都限于采访和被采访、管理与被管理,要材料与被要材料,但是我始终非常欣赏他踏实、敬业爱岗的作风。而金晶则是多才多艺的编辑，后来与村民还参加了"村田花花"乐队的组建，跟村民们混得十分熟络。

一本有温度的杂志，需要有温度的主编和编辑。良渚文化村的《家书》团队有一个共同点：他们都是村民。只有成为这里的住户，与社区融为一体，才能做到沟通毫无障碍，并且投入地去做这本社区杂志。

而团队的稳定也是一个很重要的原因，有时候衡量一个团队是否优异的很大一个因素，就是干活的人变不变，一个团队人员如果老是在变动，活肯定也是干不好的。

我一共上过三次《家书》：一次是写互联网时代，写不出来实在为难；一次是让我写我对"三好"的理解，我写了在浙江大学做嘉宾的故事；还有一次是写运动，我写了担任赛艇与自行车队长的故事。

《家书》是一个平台，通过这个平台汇拢了社区的精神，成为社区的阅读习惯，这种凝聚力的价值比任何宣传手段来得都要高明。

《家书》是一个窗口，邻里之间互通有无。有的栏目很实用，比如交友、信息发布、家长里短、人文情怀等，把陌生变成了熟悉。

《家书》是一个纽带，很多人因此彼此了解，线下走到了一起。

我通过《家书》认识好多人，其中有一位老师，后来给社区图书馆捐了不少书，他在浙江少年儿童出版社工作。这些就是无形的回报，当你看一份杂志是否有价值的时候，也可以通过这些略知一二。

此前也有清华大学社会学的教授来到良渚文化村参观，说起美国社区的"小报"非常重要。未来，一方面，传统纸质媒体将走向"网络化、虚拟化"；而另一方面,它们也要走向"社区化、分散化"。目前杭州办得最成功的本土报纸走的就是"社区化"的道路,记录的是身边温暖的小故事和八卦的碎片,传达的却是城市的温度。

在美国,社区小报的内容更为广泛,社区需要的信息都在上面:邻里之间的大事小事,招聘、征婚启事、促销广告,有时候甚至是讣告。如何直面生死,这是社区避不开的话题,也是社区杂志需要承载的内容,信息是媒体的基本组成。

社区小报是社群的"媒介",小报读者是社群的"接口"。当社区规模足够大的时候,"媒体"便产生了。如果要对《家书》进行升级,可以再办一个周刊甚至是日报,以村民为读者,相信会更有意思。

2013年,我们为了走向互联网,开发了"新街坊"的社区App,企图承担虚拟社区的功能,当然其中一个重要的模块就是集成《家书》的电子版,可惜没有实现。

2015年,《家书》迅速有了微信号,每天推送一条,相信家书现在的阅读人群和纸质时代不可同日而语。在互联网时代,电子阅读逐渐占据主流,电子化的社区杂志是未来的发展方向,而纸质的社区《家书》就更显得珍贵了。

社区小报是社群的"媒介",小报读者是社群的"接口"。

柒

垃圾分类

2010 年上海世博会的万科馆 2049 做了台北垃圾分类的展示,讲述了台北民众参与在垃圾分类中起到的作用。2011 年文化村发起"村民公约",在社区实施垃圾分类,建立"垃圾分类推广中心",并组织杭州的媒体去台北参观"汤泉社区垃圾分类"与"木栅垃圾焚烧厂"。

我们文化村派出的"使者"曾经前往台北,参观了 20 世纪 90 年代新建的三个垃圾焚烧厂,以及成功应对城市的"垃圾围城"的管理经验。

我们最为惊讶的是在"北投垃圾焚烧厂"的烟囱上有一个旋转餐厅,实时公示处理数据,社区居民甚至可以通过有线电视实时调取垃圾焚化炉的视频,监控无害化处理的程度。此外,政府对于作为公园、运动场馆等设施的地方进行经济补偿。这是非常生动的示范和教育案例。

印象深刻的是当时带我们参观的是一位台北的志工(志愿者)陈建志先生。

建志是台北 NGO (None-Governmental Organization, 非政府组织) "绿盟"的领袖。

他告诉我们,他就是最早组织当地居民抗议建设垃圾焚烧厂的人,直到现在垃圾焚烧厂的负责人还对他心有余悸。他选择义务带人们来参观他曾经反对过的垃圾焚烧厂,这是台北环保成功的范例,也是民众参与的典范。他的环保救赎行动让人感动。

他说,后来当局逐渐吸纳了民间的诉求和理念,从而制定了"零废弃政策",这项政策关注废弃物末端处理,源头减量与回收再利用的管理方式,又推动了"垃圾不落地"和"垃圾减量"的实施,将原本计划建设的 5 座垃圾焚烧厂减少到了 3 座。

民间组织对垃圾处理设施的"积极干预",起到了沟通的作用,传播了正能量,也在很大程度上消除了这种广泛"恐惧"。政府、民众、民间组织三者之间的互动形成良性循环,海峡对岸的社区环保成功值得我们借鉴和学习。

我们也参观了台湾慈善组织"慈济"管理的台北一个社区志工垃圾分类站,与其说是分类站,不如说是一个简易窝棚。当时的慈济新闻发言人是美国康奈尔大学的老师,他用动情的话语对我们说:

很多社区的老人从"三等人"变成了"一等人"。三等人是指什么呢?等天亮,等吃饭,等死。而一等人是什么呢?就是为地球做出贡献,把垃圾变得最少。在那里我确实看到很多老人在分拣垃圾,而且边聊天边做,很开心。这里是他们的"会所",而这样的会所让人觉得格外有正能量,你会感觉这个社会是有前途的。

慈济是全台湾最大的 NGO,其创始人是证严上人,我对她心存膜拜。我认为她的伟大之处在于两点:

第一,将佛教的理念与简单的生活修行结合在一起,比方说,证严上人认为,要常发善心,而不要一时发善心。她发给每个人一个竹子做的存钱罐,放在家门口,让大家把每天买菜节省的一点钱放在罐子里面,然后拿去做善事。这是一个每天都激励人发善源、积善德的方法,而且非常简单易行,这样的社会动员能力在无形之中力量无穷。

第二,她对以佛教为基础发起的民间慈善组织实施企业化运作,成为全台湾地区乃至全世界最大的佛教 NGO,一个慈善的财团帝国。这是需要现代的管理能力、机制和人才才可以做到的。比如在全世界出现灾难的时候,慈济总是最具有动员力量,不管是台湾的地震还是四川的 5 · 12 大地震,慈济都是第一批赶到现场投入营救的 NGO。

于是我们也开始效仿台北,对良渚社区居民开展垃圾分类的教育。在垃圾分类推广中心建成以后,我们不但对每个小区的垃圾分类率进行评比,而且在宣传如何将垃圾总量最小化、无害化。

当时还是客服部经理的"盈盈"潘卫群,她发明了两个指标,一个是投递率,一个是分拣率:投递率代表了是否使用垃圾分类的垃圾袋,而分拣率代表使用垃圾袋后,里面的垃圾分类是否符合要求。

唯一可惜的是这个垃圾分类宣教中心只是模拟的教育,在杭州甚至中国很多城市,垃圾分类还只是口号,前端要求业主分类,后端就集中起来然后混合填埋。

曾经有段时间,朋友圈很多人在转发,呼吁抵制杭州西面余杭区的中泰乡建垃圾焚烧厂,因为大家都在探讨垃圾焚烧厂的危害,而良渚文化村因为有"垃圾分类宣教中心",社区对垃圾的问题,反应相对理性。

中国城市的快速发展带来的环境问题已经凸显,大气污染、水污染以及土壤污染已经给我们和孩子们的生存环境带来威胁。没有环境的急剧恶化,没有城市的垃圾围城,没有填埋场快速消亡,哪来焚化处理?

迪士尼的动画片《机器人总动员》,故事在感人之余,也发人深省:

未来的地球被垃圾占领,环境恶化,植物消失,人类无法生存,漂浮在太空。逃难前地球上留下很多垃圾处理机器人,瓦力是最后一个尽职的机器人,而它的宠物是一只蟑螂,那是地球上存活最久的生物。

《机器人总动员》的结局很美好:地球又重新长出绿色植物,最后漂浮太空的人类得以重返家园,我们现在行动还不晚。

如果每个人都能像垃圾机器人瓦力一样,从事重复而又低级的清扫工作,并心怀美好的理想,这个结局一定会实现。

政府、民众、民间组织三者之间的互动形成良性循环,海峡对岸的社区环保成功值得我们借鉴和学习。

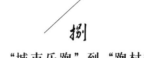

捌
从"城市乐跑"到"跑村赛"

"成绩也好,名次也好,外观也好,别人如何评论也好,都不过是次要的问题。对于我这样的跑者,第一重要的是用双脚实实在在地跑过一个个终点,让自己无怨无悔:应当尽力的我都尽了,应当忍耐的我都忍耐了。从那些失败和喜悦之中,具体地——如何琐碎都没关系——不断汲取教训。并且投入时间投入年月,逐一地累积这样的比赛,最终到达一个自己完全接受的境界,抑或无限接近的所在。嗯,这个表达恐怕更为贴切。"

日本作家村上春树热衷跑步,他在《当我谈跑步时,我谈些什么》里面这样写道:"非洲原始部落人依然保持着长途奔跑的能力,猎人在打猎的时候会把猎物追到跑不动,然后再射杀并乐滋滋地扛着累趴下的猎物回家,因此人类是灵长类动物中耐力最好的物种。"

而到了村上这里,这种简单的人类本能升华成了一种"心灵的修行"。

我小的时候喜欢看日本漫画,积攒了一套日本漫画家鸟山明的《阿拉蕾》,里面企鹅村的小伙伴都热衷于奔跑,而且有一个很响亮的名字——"狂奔族"。作家根据自己小时候和小伙伴跟着"大粪车"一起奔跑欢笑的记忆画出了漫画,而且主人公手上必然举着一根屎棍子。据说周星驰的"无厘头"式搞笑正是受到鸟山明的启发。

到了鸟山明这里,跑步又退化到了一种幼稚可笑的"无厘头欢乐"。

最近我的交友圈子里不少人开始跑步或者晒跑步,从杭州到花莲,从扬州到东京,马拉松仿佛在一夜之间,成为圈子里的主流运动。

前些天刚回到公司,就被微信朋友圈中的"晒跑"刷屏,同事们集体在西湖边奔跑,而且要求广泛"集赞"。这是万科从上至下的、阳光出汗的、健康丰盛的运动文化使然,而被戏谑为"万科运动员股份有限公司"也不过分。

我身边也有热衷组织跑步的,上个月西湖跑山赛的发起人小罗给我发来邀请,问我们是否有人愿意参加西湖超级跑山赛,小罗也是文化村的村民。杭州万科也在积极组织"城市乐跑"活动,将于 5 月开跑,甚至还有其他万科公司发出"约炮不如约跑"的热辣号召,不过从人类繁衍角度而言,两者还是不可同日而语的。

2012 年"城市乐跑赛"就到过良渚文化村,在每个社区举行"乐跑",这是一种企业文化在社区的推广,从管理角度说,这是一种集团组织的活动"摊派"。然而当时客服部资深经理小何却有些纠结,如何让大家心甘情愿地走出家门来参与万科的"Run for Fun"跑步活动? 其实这个跑步还是属于商业活动。

现在国际上很多城市都在组织跑步运动,最悠久著名的当属"国际四大马拉松",也就是现在很多著名跑者都在炫耀的"大满贯":英国伦敦、德国柏林、美国波士顿和芝加哥。这些马拉松比赛都是非营利性的活动，有大量的忠实粉丝去参加。

那么这些城市为什么要组织马拉松比赛？大家看到的是城市组织了比赛以后知名度大幅提升这个"果报"，却看不到组织者组织活动的"因缘"。

一个例子是英国足球。18世纪发源于英格兰中部的工业革命，将大英帝国的生产力推上一个崭新的台阶，随之产生了一大批从农村到城市打工的人们，称为"工人"。

英国经济学家亚当·斯密在《国富论》中描述，这些人依靠分工协作来提高生产效率，通过"计件收费"获得更多的生活资料。当然重复的劳作使这些人的情绪变得暴躁，健康开始恶化，直到发生了一系列的城市社会稳定问题。

后来资本家和政府想了个办法，把这些工厂里的"精力过剩的领头工人"组织起来，并发给他们统一的衣服，组织起了足球比赛。

人们通过比赛发现，这些四肢发达的"好事之徒"开始变成工厂的英雄，从某种程度上化解了暴力冲突，让工厂变得有凝聚力，因此便慢慢演变成了联赛，后来成为大家熟知的"英超"联赛。伦敦地区因为工业发达，顶峰时期有多达6支英超球队，最有名的是切尔西和阿森纳。

其实社区组织运动会是有利于社会的稳定和谐的，不论是从提高人民体质角度还是从管理的角度，体育运动的竞技性和荷尔蒙的合理发泄，都有利于社区人之间的交流。

一次我在北京经过国家体育总局的门口，看着楼顶的横幅上，赫然写着几个字：发展体育运动，增强人民体质。

原来我们办比赛的目的是要增强人民体质的。城市和政府组织群众运动的目的是一系列改善民众体质的"发愿心"，这也是生活体育活动的"因缘"。

当我们对村民跑步的邀约从"企业品牌、社区文化"回归到"民众健康、邻里活动"的时候，这就符合了村民公约第一条的宗旨——"我们乐于参加小镇的公共活动"，而不是什么商业性的活动。

于是，我们开始重新定义村里跑步活动的名字。

我给了两个建议："跑村赛"和"村马"，最终选择了"跑村赛"作为活动名称。随着客服团队的高效执行，跑步活动异常火爆，成了上千户家庭共同参加的活动，亲子跑、情侣跑、宠物跑，还伴随着刷屏一般的互联网时代的炫耀方式——在朋友圈求"点赞"。

只因为我们的邀约是善意的，是立足于"快乐"和"健康"的，于是每年都会有人惦念，吸引了越来越多的村民。

前些天我在村里发现有村民在跑步，悄悄跟在后面拍了一张照片，以纪念"跑村赛"和万科跑步文化给这个社区带来的一点点变化。据说晚上是否有人跑步可以衡量一个城市的城市化程度，让我们期待村民们夜跑的那一天。

社区组织运动会是有利于社会的稳定和谐的，不论是从提高人民体质角度还是从管理的角度，体育运动的竞技性和荷尔蒙的合理发泄，都有利于社区人之间的交流。

玖

腊八粥

小时候,由于奶奶信佛,每逢腊八节都会去灵隐寺求一碗腊八粥来给家人喝,保佑孩子茁壮成长、家中无灾无病。这是一个佛教的节日,却也是人们心中有温度的记忆。

相传腊八是释迦牟尼佛祖成道之日,饿了七天七夜的王子在菩提树下悟道,几近虚脱的他被路过的少女用杂粮粥所救,最终靠着胃里这些粥的能量悟道成佛。而当时佛祖喝下的那一碗粥便成了一种传统。

2013 年冬天,大雄寺还在建设,我上山找到大雄寺方丈星皓师父,跟他提免费送腊八粥的事,师父只说了一句:"这是一件积功德的好事。"临别时师父赠我一张佛门礼仪,让我回去好好诵读,我至今还留在办公位上。

施粥需要筹集资金,于是我们开始广泛地在村里"化缘"。

我最早问了村民杨峰,自己做企业的他很爽快地答应:"钱都由我来出好了。"

我告诉他,这福分要分给大家,因此只让他捐 5000 元。但之后的"化缘"就没那么顺利,当时主管的领导吴蓓雯说了最让我感动的一句话:"如果筹集的钱不够,我自己拿出来好了。"

我经常说做事"发愿心"很重要,得道了就自然会多助。

第一年腊八粥的时候,大雄寺还没有厨房,师父就安排泥瓦工在漏风的过道里砌了一个灶头;没有材料,就由村民食堂去采购再送到庙里;没有人手,就发短信招募志愿者来帮忙;没有不锈钢桶,"村花"吴照琦就跑去市场买了 20 个。

腊八节前一天的深夜 2 点多,我和几个同事一起进了山,同去的还有几个郡北、郡南的业主。我给万科物业的经理胥国成打电话求援,他立刻派了 2 个保安在山下多个路口护送大家上山。

我们到了山上,烧水、煮粥、搬运,从深夜 2 点一直忙到天亮。最困难的是如何把熬好的粥搬运下山,幸好伟大的万科物业开来了电瓶车,我们就这样一桶一桶装下了山。

早上 8 点多,春漫里小区陆续来了不少人,在志愿者的引导下有序而安静地排除领粥,他们都自带了餐盒。在小师父的指导下,他们口念"南无本师释迦牟尼佛",表示感恩。最让我感动的是村里的孩子也在排队,跟着长辈在念:善哉,善哉。那日我们总共派发了 6 桶粥。

到了第二年腊八节前,"老爷子"陈军总来找我,说今年的腊八节可以启动了。我想难得大家还惦记,欣然安排照琦去联络相关事宜,果然比前一年更顺利。那天晚上也没熬到太晚,腊八节当天下了点毛毛细雨,2 小时便派发完 20

桶,到后来很多友人还打来电话讨粥。我想,这事儿可以继续做下去了。

营销总监一川曾在网上问我:"你觉得'三好'最让你感动的故事是什么?"

我回复道:"腊八节快到了,可以组织村民上大雄寺去熬腊八粥了。"其实我想表达的是,感动的事情就在我们的行动中。

转眼,良渚文化村大雄寺的腊八粥活动已到第3个年头。我看到在"家书"微信里招募腊八粥志愿者的信息,我更愿意相信这是活动本身让人惦记。

一个好的活动,村民们不会在意主办方、发起人、出资者是谁,只要能从中体会着生活的意义和快乐,就已足够。

未来有一天作为组织者的你不在场了,或者甚至有一天地产商也不在场了,人们到时间了还会惦念着去做这件事,这才是可持续的好活动。

而这件事,也就成了我们所说的"传统"了。

> 未来有一天你不在场了,或者甚至有一天地产商也不在场了,人们到时间了还会惦念着去做这件事,这才是可持续的好活动。

壹拾

音乐节

说到良渚小镇的音乐节,那就要追溯到 2008 年。那时良渚项目总经理王凯还在良渚"称王称霸",他是非常有想法和执行力的人,对良渚文化村理解准确,身为东北汉子的他也很敢想敢做,当时就做了一系列有调性和文化的活动,比方观鸟节、音乐节、创意集市等,如果能够坚持下来,将会是很好的传统。

当然营销主导的活动在 2010 年的时候也做过,比如"小镇音乐节",当时为了聚集人气,我们做了一个非常不理智的决定:啤酒免费畅饮。结果引来了不少看热闹的民众。那晚我去现场见到一位村民,问道:"村民们今晚都来了吗?"村民说:"都来了,连隔壁村的也赶来了。"

可见,一味地追求活动的参与人数或者是短期的影响力,而到最后就会成为一场没有归属感和温度的"商演活动"。

在 2013 年的时候,我尝试过推动"西湖音乐节"进驻良渚,将良渚作为分会场,或者建立一个新品牌——良渚音乐节。当时西湖音乐节的创始人朱健也极力促成,还说可以邀请台湾阿里山民谣之父胡德夫。当时如果可以做成,那将是多么有画面的一幕场景:来自阿里山的民谣之父胡德夫对着良渚的群山以及河流,吟唱着"太平洋的风"。

后来营销介入,执行速度很快,音乐节的概念是做到了,可惜做成了又一个商业演出。我们与当时特别火爆的浙江卫视真人秀节目《中国好声音》合作做了一个"三好音乐节",现场请的演唱者都是当红的好声音学员。我当时就断言:这样的"三好音乐节"不会持续超过三年。后来果然,一年就结束了短暂的生命。因为商业演出与音乐节不是一个概念,音乐节的初衷不是追求人山人海,更不是追求有名气的歌者,而是聚集一批对音乐热爱与追求的人,慢慢自发培育生长起来的大派对。

我相信很多被称为"音乐节"的活动其实都是商业演出,而这样的偷换概念我们也已经司空见惯。我读过一篇名叫"独裁如何形成"的文章,里面讲到一个理论尤其适合当下的社会:到底是让小部分人高兴还是让大部分人高兴,取决于这个社会或者商业体是属于小部分人的还是大部分人的。

我相信早在800多年前,当杭州以百万人口雄居世界级大都市首位的时候,一定是不亚于现在的伦敦、纽约的。那时的"美丽华贵之天城"吸引了不少外国"土豪"的慕名向往,当然还有像马可·波罗这样来自意大利的"驴友",后来回去还写了一本旅游攻略——《马可·波罗游记》。

当时杭州城郊接合部星罗棋布的"瓦舍勾栏",就是当下的小商品市场和购物中心的前身。人流聚集地的周边催生了休闲娱乐的需求,也成为"流行音乐"

的温床。每逢节假欢庆之日，民众纷纷走上街市，在露天开始了耍子取乐，开怀畅饮。达官显贵们也蠢蠢欲动，与平民百姓一起簇拥到这个大派对里面来。平日里在"瓦舍"从事音乐的艺人们有了展示的舞台。

从古典乐器的乐队到独特的独奏，再到说唱艺术，还有说书杂耍，促成了各类艺人之间的交流。在这种场合，艺人会被达官显贵或"星探"相中，从而鸡变凤凰，转型专给上流社会表演，从此过上衣食无忧的生活。

人民的物质生活极大丰富，GDP 和人均可支配收入世界排名第一，精神文化生活也影响着整个东亚乃至世界的审美。南宋人的心态是不疾不徐的。

这就是八百多年前，发生在杭州的"音乐节"的样貌。

通常意义上的现代音乐节叫作"Music Festival"，起源于英国，其蓬勃的发展与战后英国政府大力提倡有关，当时政府的理由是——希望用音乐来修复战争给人民心灵造成的创伤。

2004 年我在英国闯入了一个无名的音乐节。我拐到一处巷子，舞台很小，看客还没有表演的人多，无名的乐队，无人喝彩，却唱得投入。一旁的墙角根，一个嬉皮穿着的男生坐在地上，一面背靠墙，一面抱着吉他，女生躺在地上，头枕着男生的腿，听着台上的音乐晒太阳。

后来去苏格兰时，恰好赶上爱丁堡音乐节，那是个全世界最大的音乐爱好者派对，在城市任何一个街角都可以看到各色的表演者。年轻人、老人、孩子都参与进来，在城市户外的公共空间，席地而坐。

每逢杭州的"西湖音乐节"期间我都要去感受一下，一群亢奋的年轻人，聚焦在西湖角落的公园。People Mountain People Sea(人山人海)，草地被踩到榨出

走进梦想小镇

绿色的汁,人被挤得身上全是隔壁的人汗臭……这是年轻人的派对。

最近听到好消息,在"家书"的推动下,举办了江南音乐节,希望江南音乐节可以回归音乐节的本质,成为小镇文艺的音乐符号。

到底是让小部分人高兴还是让大部分人高兴,这取决于这个社会或者商业体是属于小部分人的还是大部分人的。

我做村民书房的馆长

一天,一位叫"引子"的村民在微博上给我留言,认为村里该建一个社区图书馆了,并且建议我去看《岩松看美国》这本书。这本书里写了美国的"社区图书馆"制度:每1万人必须有一个社区图书馆,而图书馆在白岩松看来就是"工人文化宫",民众的参与度很高。

我想起去台北中山纪念堂时,满以为进去以后可以看到孙中山的很多事迹,因为这是国内纪念馆司空见惯的场景。但是中山纪念堂里面有展览和自习室,自习室里面坐着满满当当的孩子,这是让我无比震撼的,孩子们在孙中山先生的庇护下长大,这更能体现出一个民族的精神和自信。

"One town one book"(一个小镇一本书)就是里面写的一个很好的活动,这种活动不但增加了民众知识和阅读量,而且培养了民众公共意识和参与意识。我希望在不久的将来,良渚文化村也会有同读一本书的活动。

走进梦想小镇

后来我们几次斟酌,有时候为社区图书馆争论得不可开交,时任总经理刘肖认为图书馆不可持续,应该以商业手段解决,至少得开成书店。而我比较坚持:图书是一个城市的灵魂和文化的象征。我当年在英国读书的时候最喜欢去图书馆,因为那里是一个城市最安静的地方。

后来刘肖还是支持了我的想法,他认为:有些梦想是可以在良渚文化村尝试的,后来也成就了"刘肖时代"的良渚文化村。他创造性地提出了"四有社区"的概念:有健康,有文化,有生活,有爱的社区,后来还把这个概念带到了北京万科区域。

2014 年 9 月 28 日,村民书房如期开放。我与村民书房同一天生日,也正式做了图书馆的馆长。我其实无心刻意安排,书房原本计划是 9 月 27 日开放,只是因梁文道老师的日程安排而改在 28 日上午,谁又不想过一个安稳的生日呢?

活动还未开始时,我对余杭区图书馆李玉刚馆长说:"我以后归您领导了!"

李馆长笑着回答道:"图书馆系统只有并列,没有上下级。"

有一次,我和一位长辈一起去国外,在填写入境卡时我发觉过几天就是他的生日,本想与其他人一起给他一个生日惊喜,可他敏锐地发觉了这个阴谋,将我拉到一边悄悄说:不要给他过生日,也不要告诉其他人。

我对待生日的习惯和他相似。不过生日,自然也没有礼物,而村民图书馆开业那天我却收到很多意外的礼物。

刘肖在朋友圈发了 VK Learning Center 首批社区图书馆面试的消息,认为这是万科"有文化社区"的一小步,也是中国社区文艺复兴的一大步。他还放了一张我的呆萌照,引得吐槽无数,这且算是一种嘉许和生日礼物吧。

来参加村民书房开放活动的村民朋友"老梅"送了我一个拂尘,我们已经两年多未见,她也不知道当天是我的生日。不过我还是很感激,把它当作生日礼物,这是定数。当时我心里冒出的一句话就是:时时常拂拭,莫使惹尘埃。

村民书房开业活动一结束,参加完活动的母亲发来短信:"儿子,辛苦了!祝你生日快乐!"我回复道:"为村民服务!"

下午离开村民书房的时候,夕阳把四周的竹影洒落在书房的地上,有老人坐在入口处的沙发上休息,安吉路实验小学的学生相伴在书房写作业,妈妈带着孩子在绘本区阅读,物业的保安兄弟拿着一本厚厚的书在站着看。

我此时的感受是,我的良渚文化村社区图书馆的馆长职位,才是此生最为贵重的礼物。

壹拾贰
村花的故事

　　受美国"五月花"号登陆的启发,我想到了请良渚文化村的"原住民"来担当接待办的接待人员。因为他们都生长在这片土地,对良渚有感情,说出的故事更能打动人,同时外人对主人也会更客气,不至于苛求。于是我在当地人的第二代中招募"村花",后来才有了接待办五代村花的故事。

　　第一代"村花"叫吴照琦,开始我对她的印象并不好,因为她麻将牌打得实在厉害,工程部的汉子们都管她叫"麻婆",但她后来成了我最可依赖的伙伴。

　　照琦在良渚项目工作已经有 8 年多(2005—2013 年),从竹径茶语项目的保洁员开始做起,后来做了项目部的秘书,再后来做了才子艾飞的助手,商业配套方面她大事小事一把抓,我接替艾飞后她继续辅佐我,全情投入地做事情,讲的故事也很动人。

　　照琦最厉害的地方就是八面玲珑,再尖锐的矛盾也可被她化为无形。一次三轮车的车娘到项目部前来静坐闹事(其实这种事不时就会遇见),照琦出面处理,用良渚方言来沟通,把问题化为无形,当然也帮这些父老乡亲争取最好的利益。

她总是长袖善舞的那个人,如果在战争年代,她一定是女英豪。

后来,照琦离开万科去了绿城做桃源小镇的园区服务经理,目前已经在绿城集团园区服务,据说她给很多项目提出意见,在工作上颇有建树,我为她走出良渚,将小镇姑娘的经验带到各处,感到高兴。

第二代的"村花"是我发掘的,名叫张莉。当时张莉在村民食堂的筹备组,后来成为行政人员,我看她为人极其热情好客,于是升她做接待办的主任。

张莉的眼睛会说话,她那种骨子里散发的淳朴和热忱会感动很多人,但是这种热忱又不显得轻佻,她说话时会靠你很近,有时也会有肢体接触,但不会让人觉得讨厌,尺度拿捏恰到好处,就像《红高粱》里面的九儿。

一次,张莉开车带我和一位领导参观良渚文化村,在半道上,她居然停下来问走路的老阿姨要不要搭车,我在车上真替她捏了一把汗,要知道参观过程被打断是非常不礼貌的。老阿姨欣然答应后上车坐了一段,她还跟老阿姨聊得很欢,似乎完全没有把车上的领导放在眼里。

阿姨下车后,领导发话了,说感到非常自然和感动。他感到我们的村子是一个处处有人情味的地方。我坚信那是她最为自然的反应,而这种真实的反应恰是令外人羡慕的地方。

再后来,艾飞把张莉挖去做了高端别墅的销售,我给她的目标是:成为销售冠军。没想到没几个月,她就是销售冠军了,因为很多老客户和她接待过的访客都找她买房子。从此她在良渚的名声越来越大,现在已经是一对双胞胎女儿的母亲。

第三代"村花"叫叶彩娣,尽管名字有些乡土气息,但是人却长得水灵。小叶性格比较内向,之前是健身中心的前台。一次我冲进去看健身房应如何改建利用,在空无一人的健身房一坐就是一天。我看见她在这里工作,突然意识到把她埋没在这里太可惜了,于是就找她谈了几次,忽悠她加盟接待办,当然最后成功了。

小叶和张莉搭档时是接待办最强的时候,不管遇到什么样的问题都可以迎刃而解。当时接待办有一套非常详细的规范,站在哪里说什么故事,都是经过考虑的。同时还通过接待人员的分类管理,预约管理,做到提前安排时间。

比如说,最高级别的人参观,称为 S 级,我们就会准备水、毛巾以及礼物,在每个点都会设计好接待人员的反馈。我们每周都会讨论客人的问题,做到有问必答。我们当时的口号是:"接待也是生产力!"

到了第四代"村花"小陈的时候,因为当时人手短缺,所以接待工作有些力不从心。小陈从工作一开始觉得"压力山大",总是在做错与做好之间徘徊,而我也没有精力再去带他们。

目前有些论调说接待办不产生价值,其实并非如此。很多项目用销售员充当接待人员,这样的介绍是生硬而且不可信的。销售员只想着卖房子,这种短视只会导致客户与介绍人之间的不信任。而接待办则充当了一个前期引导和口碑传播的效果,可以当作品牌和公关部。

再后来有了第五代"村花",也叫小叶,她是周边村长推荐来的,本来要去做少年宫的老师,硬是被我招过来。她有些傲气,性格中有"女汉子"的一面。她是全国卡丁车拉力赛的亚军,差点去做职业卡丁车手。我无法想象她开卡丁车的样子,一次她和我聊起开车时说:"我只要坐到赛车里就是另一个人。"

有时候她要开电瓶车,车速只有 15 码,我会问她:你开这个车会不会不习惯? 现在陪人参观也会特别介绍她曾参加卡丁车全国比赛,大家听后不禁都抓紧了扶手。

壹拾叁

老吾之老

新加坡的老人被叫作"乐龄",也就是到了安享快乐的年龄,这是一种政府和社会层面对老人的重新定义。而称谓的修改是一种心理上的转变,社会的负担成了享受天伦的快乐。

新加坡的老年人其实跟全世界的华人一样,是很传统的,以子女为中心,把自己的大房子让给子女结婚生子用,而自己则倾向于在附近买一套小房子居住。

这是由于在东方社会伦理中,亲情和血脉自古重要,养儿防老的意识和孝道的传统也让老人与子女建立起相互依存的关系,这与西方两代人之间的代际关系是截然不同的。

中国的老人是不愿意远离子女居住的。新加坡政府的住建部的解决方案是在一个社区内选址,建一栋适合老人居住的乐龄楼,并且增加了楼房的老年化设施改造,同时在楼下配套设置老年照护中心、药店、适合老人的健身棋牌社交空间和服务内容。这就是新加坡式的社区养老模式。

在老年公寓"随园嘉树"项目上,老周、付桑、刘肖都倾注了不少心血与探索,当时分管酒店管理部的陈碧波、周竟都是核心团队成员,他们带队把日本、美国的养老公寓看了个遍,在硬件设施的建设上,做了很多研究和思考。而且项目的目标也是做"全国养老公寓的标杆"。

2011年3月11日,他们在日本考察老年公寓的团队恰好遇到东日本大地震。他们当时正参观一个公寓项目,中途感到摇晃就跑了出来,看到周边的房子都在猛烈晃动,水池里的水也在不停跳动,人们都趴在地上或者墙角,才意识到是地震来了。幸好整个团队成员最后都安然无恙,还给大家绘声绘色地讲述了地震的经历。

后来,老年公寓项目管理团队变化,定位也有了些不同考虑,开始向着"适老公寓"方向发展。所谓适老公寓,只是在硬件上符合老年公寓的需求,但不提供服务,也就是只是做卖房子的事情。因为在老年人的服务达到盈亏平衡的时间很长,而且相对要求的专业度更高。

没过多久,"适老公寓"的定位再次被颠覆,要求按照原来的定位继续做服务,于是又定位为:做老年服务和康复照护管理,而把重度障碍和临终关怀等医疗范畴的事放在外面。

再后来,首批老年公寓的销售遇到市场整体不景气,销售滞缓随之带来压力。价格的高企和想提前收回收益利润的做法,让项目销售进展缓慢。

开盘了一段时间,买单的很多是村内住户家的老人,于是乎提出了"社区型养老公寓标杆"的概念,很多买这里房子的都是村民给父母买的,或者有的村民给自己备着的,养老者很多与社区有关。

有人向我推荐过一个业内号称领先的养老项目,把老人关在一个风景优美的地方,还建了医院和老年大学。但如果老年人脱离了年轻人的社区,不是混龄居住,那么这些老年人哪来的希望与亲情?

建议做老年公寓项目的管理者和服务者把自己家的老人都当作"体验人群",入住建设的老年公寓,身体力行地观察和了解自己父母的需求,老吾老,才可以及人之老吧。

我的父母亲住在良渚文化村养老,这里可以分享一下他们的案例:

同很多老人不愿从市区转移到郊区一样,他们也不愿意搬家,因为出行不方便。老人为什么要出行?因为有各种习惯上的需求,比如人老了怕寂寞,需要朋友和圈子,离不开老伙伴、兄弟姐妹和子女,亲情和友情始终是他们需要的,于是希望与他们住得近一些;比如那个时代过来的老人都很节省,喜欢自己出门买菜做饭,最好步行或骑自行车可以到达市场等等。

在我的坚持下,父母亲还是搬进了良渚文化村。相对于父亲,母亲适应得快一些,在村里建立起了自己的圈子。

母亲因为喜欢打太极拳,渐渐认识了一帮拳友,后来有了很厉害的太极拳老师,她开始拜师学艺。然后在这个圈子里她认识了老乡,就更经常去串门了。太极拳老师带她去喝茶,慢慢又认识了一圈茶友。后来母亲成了太极拳的"师父",开始收徒。

一次回到家里,我发现门口有人送了礼物,一问原来是徒儿孝敬师父的,母亲就这样慢慢习惯了村里的生活,并在村里找到了自己的兴趣爱好和人生价值。

　　而父亲则是一个比较内向的人，他不愿意出门去结识新朋友，身体不太好也令他不太愿意出门，是一个典型的"宅男"。之前父亲喜欢早上起来散步去食堂买油条，不为别的，就是在食堂看看人，摸摸活蹦乱跳的孩子，这样他心里就会高兴好久。"混龄养老社区"的价值就在于此。

　　父亲的肺是长年累月的慢性病，因此需要经常去门诊部、中医院去配药，因此社区医疗设施适宜的步行尺度也很重要。村里也常举办很多活动，还有像大雄寺、美丽洲堂等设施，老人们无事便可经常去参加固定的社区活动，或者会去求个平安签，得到心里的慰藉。

　　最近朋友在村里新开了中医理疗门诊部，我问她是否方便老人来看看，她回答我：上门服务也可以的！对此我感到无比开心和满足。

　　这就是混龄复合社区的养老模式，细微之处在老人背后做着一点点的支撑，从生理和心理上滋养着他们，让他们在辛苦了大半辈子之后，还可以在新的时代中找回生活的尊严与希望。

　　建议做老年公寓项目的管理者和服务者把自己家的老人都当作"体验人群"，入住建设的老年公寓，身体力行地观察和了解自己父母的需求，老吾老，才可以人之老吧？

壹拾肆
幼吾之幼

很多中国家长提到教育都是皱眉头的,我们如何解决教育问题?

在网络上曾有一则文章很火,在日本某幼儿园,孩子用餐秩序井然、分工细致,有的孩子负责分发食物,有的负责收取剩余垃圾,并且孩子会把盘子内的食物都吃完。于是父母便发出这样的感慨:国内的幼儿教育出了什么问题?

政府所管辖的优质教育资源往往是供不应求的,或者说优质教育资源的发展远远跟不上城市化的进程。远郊楼盘毫无教育配套可言,开发商必须在教育上自力更生,自我营建"学区房",通过市场化的手段解决教育配套问题。

我们在 2008 年决定自己建设幼儿园,也是大环境下的无奈之举,玉鸟幼儿园在筹建的时候也是举步维艰。

我们找到了杭幼师退休的沈院长,她就住白鹭郡北,于是我们聘请她做玉鸟幼儿园的首任园长。为了体现国际化教育特色,又找了加拿大籍香港人、幼儿教育专家翁恩赐博士做教学方面的总监，设计幼儿园的特色课程，就这样搭建起了整个玉鸟幼儿园的教师队伍。

玉鸟幼儿园在 2009 年 9 月 28 日建成。当时有 13 个老师、9 个学生，老师比学生还要多。后来发展到 30 多个老师，将近 300 个学生。现在已经是供不应求，于是建了第二个、第三个幼儿园。社区在提高入住率初期，幼儿教育设施是十分需要的配套。

我对于幼儿教育的认识来自杭州蒙特梭利幼儿教育理念"儿童之家"的践行者老师陈冲，人们都叫她"点点老师"。

2012 年，"邻里公约"启动仪式，点点老师是志愿者主持人，她原来在浙江卫视的少儿频道做主持人。点点是虔诚的基督徒，她为了教育自己的孩子去学习蒙特梭利教育法，并在自己孩子的教育上做尝试。

她告诉我：上帝让我们去遭遇挫折，因此我们也要像上帝对待我们一样对待孩子的教育，因为上帝是公平的。

我参观了她在滨江小区建的"儿童之家"，班上有一半是外国小孩，上课内容就是对着蒙氏专用的教具认真地"工作"。蒙氏提倡混龄教育，很懂事的大小孩带着小小孩。孩子需要学习如何和比自己年长的孩子相处，从大孩子那里学到东西，大孩子则学习如何照护小孩子。以后踏入社会后，如何与不同年龄的人相处是需要学习的能力，为何不让孩子从小就培养呢？

在中国目前的幼儿教育中，简单地把同龄小孩放在一起管理，一方面方便引入竞争模式，让孩子可以相互比较，好的就获得小红花；另一方面，同龄的孩子在一起不太容易出事故，方便管理，家长也比较省心。但这样也限制了孩子的社会多样性的培养。

　　记得小时候，我们大院里大大小小的孩子都在一起玩，小孩子从"孩子王"身上学到领袖的基本素质，大孩子从带领小孩子中学到"领导力"。这是我们这一代人的成长经历，而现在的孩子已经失去了这样的土壤，学习与比自己强的人打交道才是人生不断进步的途径。

　　后来我邀请点点老师在万科管理的西溪蝶园开设"儿童之家"，并邀请她参加我们的村民大讲堂，引导现在的家长如何教育自己的孩子，如何选择好的教育理念。因为场地限制，未能成事。没有将点点老师这样优秀的幼儿教育老师引进良渚文化村，成了我的一大憾事。

　　玉鸟幼儿园近年来从自营转变成了市场化，请了在市区开英伦幼儿园并且口碑很好的台湾老师林家燕，在白鹭郡南开了英联幼儿园。市场化的教育价格偏高，弊端也在逐渐显现，年前就有家长投诉费用和新扩建教室不合规的问题。其实目前"公共设施的市场化"带来的问题很多，尤其是在医疗和教育上，良渚文化村也不能幸免。

　　记得我们同事贾磊，他的宝贝女儿就在后期的玉鸟幼儿园读书，一次在办公室，他的一句抱怨让我印象深刻："我女儿回家都有良渚口音了！"

　　幼儿园为了降低经营的成本，聘用良渚本地的老师，普通话不标准，在幼儿园里老师之间会用方言对话，小孩耳濡目染，说话也开始有方言的味道。

　　在离开文化村"村干部"岗位后，最近去村民家里拜访，聊到幼儿园，大家反映，不但价格昂贵，而且教育质量下滑，最近玉鸟幼儿园还出了匪夷所思的投诉——幼儿园因为入学小孩增多，而校舍条件实在有限，就临时用玻璃房搭了一间教室,结果引起家长的抗议,还闹到了教育局和媒体,造成了社区和企业品牌的的损失。

其实在是否写这段投诉的时候我有顾虑,毕竟是"家丑外扬"。希望城镇运营者在引进幼儿园的时候,掌握如下原则:

依托政府资源是解决学前教育的根本,如果无法引进政府公办学校,可以在民办的基础上半市场化经营,不要单一垄断,在协议中保留开发商对教育配套的话语权,或者建立科学的私立教育制度,比如在"校董委员会"预留开发商的位置。教育是百年大计,商业化的学前教育并不能满足小区所有儿童的学前需求,因此可以尝试引进各种辅助学前教育机构,以满足社区家长的多样化需求,如早教、学前班、托儿班等等。构建社区幼儿教育的生态系统才是上策。

教育是百年大计,商业化的学前教育并不能满足小区所有儿童的学前需求,因此可以尝试引进各种辅助学前教育机构,以满足社区家长的多样化需求,如早教、学前班、托儿班等等。构建社区幼儿教育的生态系统才是上策。

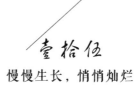

壹拾伍

慢慢生长，悄悄灿烂

说完了学前教育，还要说一说九年制义务教育。

从 20 世纪 70 年代开始，中国的中小学义务教育才真正发展起来，这比日本晚了 100 多年。日本早在明治维新时期，就提出基础教育的口号，并制定了全国性的基础教育策略："国无不学之村，村无不学之童"。日本以"村"，也就是"社区"为单位构建基础教育体系，并成了全世界文盲率最低的国家，这也与明治维新时期的基础义务教育设施不无关系。

中国在古代也有自己的基础教育体系——私塾，以前一个村子有一个秀才做老师，课程标准化程度很好，都是价值观和伦理上教育。现在也有人开始反思私塾的基础作用，因为它确实给贫困的地区、边缘人群提供了一个非常基础且成本低廉的基础教育选择，如果可以把课本与大纲统一起来，或许能成为解决全民义务教育的补充手段。

第一次见到安吉路实验学校的骆林芳校长是在 2010 年的春夏之交,我带着《杭州日报》记者刘德科去她办公室做一篇人物采访。记得当时骆校长说:"安吉路学校每年都有很多开发商来谈合作,比方说×××,我门都不让他们进,因为我不想跟一身铜臭味的商人打交道!后来发现万科这家公司不一样,是有社会责任的,而且也很有诚意地来了好几次,我被你们的诚意所感动,因此决定去良渚共同办学。"

我们记得她办公室沙发边放着一个巨大的海螺化石。后来我与骆校长一起去万科捐建的四川遵道学校走访,她告诉我那块化石是一个朋友从南非带来的,她其实是一位热爱摄影和旅行的校长,而她的教育理念就是"有心的教育"。

后来安吉路实验学校在当年年末就与良渚文化村签约了,冒着给集团领导"写检讨"的风险,硬是把这所在杭州有 56 年历史的学校签了进来,现在新总经理计划做"杭州万科教育集团",安吉路良渚实验学校已经是新业务的标杆。

2015 年 9 月,学校王主任来电邀请我参加开学典礼,我非常意外也很感动,第一届开学典礼的升旗仪式仍然记忆犹新。

住在阳光天际的村民老南瓜的女儿小雨,升学到了二年级。南瓜是学校家长委员会的会长,热爱绘画和书法的他刚与邻居一起完成了青藏自驾游,他在莫干山开了自己的民宿,也是最早入住良渚文化村的村民之一。

在文化村,同学都是邻居,家长都是同事,这是早期社区学校人际生态的构成。这种基于社区、单位、学校的人际关系,构建出孩子之间、家长之间及两代人之间的熟人社群。

在我小时候,没有那么多课外作业,放学后我们都扎堆去公园里玩,有时候跟爸妈说去同学家里做作业,其实也是去玩,初三前没有学业的压力。玩到忘了回家的时间,父亲会拿着棍子赶来找我,撕着耳朵把我领回家,同学的父母还会赶来劝架。在我看来,这才是童年。

城市化的结果是居住的集约化,教育产业化也带来了市场化。人们住得更近而关系却在疏离,教育培训丛生却让孩子愈发不堪重负。在充斥着竞争和应试教育的当下,孩子失去了快乐的童年,家长失去了与孩子共同成长的乐趣。如果从小就不幸福,长大如何创造幸福?

安吉路良渚实验学校有个传统:每次开学,一年级的孩子都会在玉琮做的"时间囊"里放入自己毕业后的理想,封存九年,毕业时再打开。这是刘德科出的点子,今日还在沿用。

"慢慢生长,悄悄灿烂",是骆林芳校长的办学理念,"快乐学习,幸福成长",是开学典礼的主题。

我们村的孩子有这个十六个字就够了,剩下的就都留给时间吧。

在文化村,同学都是邻居,家长都是同事,这是早期社区学校人际生态的构成。这种基于社区、单位、学校的人际关系,构建出孩子之间、家长之间及两代人之间的熟人社群。

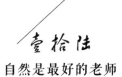

自然是最好的老师

我们的童年都有属于自己的"百草园和三味书屋"。

"不必说碧绿的菜畦,光滑的石井栏,高大的皂荚树,紫红的桑葚;也不必说鸣蝉在树叶里长吟,肥胖的黄蜂伏在菜花上,轻捷的叫天子(云雀)忽然从草间直窜向云霄里去了。单是周围的短短的泥墙根一带,就有无限趣味。"

我小时候在课本上学过鲁迅先生的《从百草园到三味书屋》,也去过绍兴鲁迅故居的百草园,那里现在是一块荒废的菜地,很多人围着菜园子和一块石头拍照留念,全无鲁迅笔下那些孩童时代的植物、动物,更不用说美女蛇的草丛,只有美女抱着石头在自拍。

孩子是喜爱自然的,我们的百草园就是大自然。

我们小的时候都曾在树林中嬉戏,在田野里奔跑。而现在的孩子生长在大城市,缺少与自然沟通的环境,要通过书本才能认识自然,居然有孩子认为鸡就是装在超市塑料盒子里、没有毛的白色肉。

亲子农庄最早是一块代征地,在安吉路良渚实验学校的西侧,占地33亩,规划了菜地、果园、药草园、池塘、大棚、花房、学农教室等设施。我们要在这里恢复童年的"百草园和三味书屋"。在2011年年末,农庄建设陷入停滞,成本投入过高,而后续的经营更是需要持续不断的投入,于是我们开始寻找外部资源。

我最早想到的人是李叶飞,网名"皮的李",是《氧气生活》杂志的主编,也是NGO"植物星球"的创始人。我找到现在的庄主张新宇,通过他的引荐认识了李叶飞。两人把经营思路给我们做了个精彩的汇报,当时提出要筹建"植物私塾",将这里作为自然教育的基地,通过自然教育把亲子农庄做活。

亲子农庄做三件事:第一是农业体验,让村民参与农间劳作,以自然农耕法种植菜地,收获绿色蔬菜;第二是自然教育,让孩子在这里玩耍,认识植物,包括各种香草药草;第三,是手工教育,开设亲子手工课程,有书法、陶艺、花艺等手工课程,让大家认识自然,热爱自然。

在农庄还在建设的时候,我们组织了一个活动——"夏至争时,落谷下秧"。我们号召业主带自己的孩子来插秧,告诉孩子"谁知盘中餐,粒粒皆辛苦",让大人体验"手把青秧插满田,看似倒退却向前"的道理。那天活动来了很多人,我们准备了白色的毛巾、雨鞋和草帽,还准备了"南泥湾"和"大生产"时期的音乐,很多老人想到了自己年轻时在生产队的场景,而孩子们也玩得很开心。

活动当场有很多人来围观,种地的都是"地主",围观的却是"农民"。那日来插秧的小朋友都很开心,通过劳动认识的知识会令人终身受益。

最近亲子农庄有些不太平:一方面,农庄没有对良渚文化村产生应有的对等价值；另一方面，亲子农庄诞生的"植物私塾"逐渐独立，因而在社区服务上难以做到一以贯之。尽管植物私塾与江南驿青年旅舍共同承办了300多人参加的全国第二届自然教育论坛，对良渚文化村贡献卓越，最终还是以解约出走而告终。

值得我们借鉴与思考的是把自然与教育结合，可以将一个普通的农庄打造得更有文化底蕴，不然就只是做了个农家乐。但是，社区市场还是太小，品牌的发展必然会影响对社区的服务。

值得我们借鉴与思考的是把自然与教育结合，可以将一个普通的农庄打造得更有文化底蕴，不然就只是做了个农家乐。但是，社区市场还是太小，品牌的发展必然会影响对社区的服务。

壹拾柒
寓教于乐

一个孩子的背后有六个"投资者"：爸爸妈妈、爷爷奶奶、外公外婆。在这一轮人口红利的最后，孩子成为重要的消费人群。公司于是决定在良渚文化村的南区做一个儿童玩乐(童玩)中心，一方面是看好儿童市场，另一方面是项目开发到了后期，开发重心由北区向南区倾斜，而南区也需要有新的配套内容。

在刘肖时代，良渚文化村的商业化转变是很明显的，在投资建设配套的时候以投资者心态来对待单一项目，而老周时代则是把文化村的住宅与配套看作一个小镇的整体，配套可以不赚钱，而是从住宅与品牌的溢价中赚回来。老周常说：以3％的投入撬动97％的产品。而良渚文化村开发到了后期，存量逐渐有限，就要考虑投资本身的投资回报。

起初，宗卫国让我去考察上海嘉里城的童玩探险中心，因为嘉里城在浦东核心位置，毗邻国外人士的住宅，所以童玩中心里面一半以上都是侨民的小孩，收费自然不菲。

我们很快便找到了童玩中心的设计师英国人大卫·泰勒(David Taylor)先生,并约见了他。他的室内童玩设计理念超群,9米高的垂直滑梯让很多成年人都会不寒而栗,但是孩子们却玩得很开心。很多大孩子带着小孩子在里面玩耍,家长也玩得不亦乐乎。

大卫做了一辈子的室内游乐场。他从小生长在牛津郡的农村,小时候的志愿是当一个农夫,但是一次摩托车的事故让他落下残疾,他现在的大腿骨还无法正常走路,当然更无法从事重体力活,于是开始对孩子的游乐设施感兴趣,一设计就是二十多年,后来遇到了嘉里中心的人,于是把他设计的东西放在了嘉里中心。后来我们把大卫邀请到了良渚,他的设计理念是非常超前的:

首先是"培养孩子的冒险精神",现在很多游戏都是比较温和的,无法培养孩子的冒险精神和挑战能力;

其次是"家长和孩子一起游玩",他的游戏设备都是适合成年人体重的,家长和孩子一起玩的亲子活动,孩子可以从父母身上学习勇敢;

再次是"孩子眼中的山",现在很多游乐设施都很程式化,其实在孩子眼里,大山和河流有不同的颜色,因此在他的设计里面从来没有模拟的山石,有的只是"用孩子的身体和手脚去丈量"的山水。

很快,我们便决定将他建设的室内童玩场引进到良渚南区的七贤郡商业区,建筑为童玩量身定制。在经营上,由我们自己的配套管理人员组建了一个团队,第一代的"村花"吴照琦成了童玩中心的总经理,赵元是澳洲回来的"海龟",她负责前期的建设沟通,喜爱小动物的她还给这些来工作的英国老外取了可爱的中国名字。

在定位的时候，我们参考了上海、北京等地的室内童玩项目，同时也对标了杭州的"嘟嘟城"与"呼噜 Town"这两个旗舰型的室内童玩项目：前者是由政府打造的，在钱江新城，以角色扮演为主；后者是由私人投资，模仿澳洲模式的室内童玩探险游乐园。我们结合了两者的功能，把理念定位于"寓教于乐"。

后来我提议将童玩中心叫"彻天彻地"，这是一句杭州话，意思是"拆天拆地"，意在表达孩子们都玩疯了。我们拉了个群"良渚智囊团"，群里的许群和王群力都觉得这个名字不错，就定下了这个名字。

在筹备将近一年后，童玩中心如期开业。开业的时候女将们显示出强大的号召力和责任心，当天童玩中心火爆异常。而我会时不时去现场看看，但真的没有勇气跳下那个 9 米高的滑梯。如果有一天我有了孩子，也许会带他一起去跳吧。

后来童玩中心确实起到了南区旗舰店的作用，在经营第二年就盈亏平衡，每到周末就爆棚，而且与酒店、亲子农庄、幼教机构等形成协同效应，到目前还是杭州市面上最好的室内童玩中心。

壹拾捌
妈妈们开的店

2012 年年末，我们决定启动新街坊的招商。

我当时血气方刚，觉得万科很牛，于是发起了一个规模盛大的招商活动——"百名商家看良渚"。我打电话给王海光董事长，生拉硬拽地拉上世贸君澜酒店集团、甘其食包子、知味观、世纪联华超市等大品牌商户，还有杭州各个社区商业地产的前辈，签署了一个"商家大联盟"，约定共进退，一起经营好"万科新街坊的品牌"。

签约仪式真心实意地邀请了百名商家的拓展经理来参观良渚文化村，希望以万科的强大品牌号召力说服这些人来春漫里开店，这些商家中不乏肯德基、必胜客等洋连锁店品牌。

当天在活动快开始的时候，却也有人临时不来。有的人想了各种托词，有的人直接对我说："朋友，真不是我不给面子，我昨晚已经来数过人流量了，这地方店开不出来的，来了也是浪费时间。"人流量是商店开业的一个基本指标，代表着这个商店有多少潜在客户。最后活动来了80多个品牌商家，但是大都来了只是凑个热闹，什么意向也没有留下，最终这些店家里面没有一家来开店。

当场很感兴趣的、把我们工作人员团团围住的居然是业主。很多业主想实现自己的开店梦想。

我们因此受到很大启发，其实这就是社区商业的特性，社区商业服务于步行范围内的客户，我们叫"最后一公里"，业主的开店成本最低，因此意愿最强烈。于是，如何把这些没有开店经验的业主聚集起来，在合适的地点规划，并保证质量地开店便是我们的主要工作。

因为有经营要求，新上任的总经理刘肖来自万科集团的战略投资部，他之前从哈佛大学商学院毕业，供职于管理咨询公司麦肯锡，在讨论良渚配套的时候完全是另一种风格："你们知道EBITDA吗？"

我们在座的人面面相觑，都说"不知道"。

"要我一个哈佛商学院的给你们普及基础财务知识，简直是在浪费我的时间！Earnings Before Interest, Taxes, Depreciation and Amortization！你们好好去问问集团商管的人！"一次我们在讨论新街坊商业街的会上，他气愤地说。

对于我们这些管理烧饼、油条出身的"村干部"而言，听到财务管理真的是头大。我开完会立即去问财务部的丁盛，他当时是财务部的新动力。他告诉我，EBITDA的专业术语叫作"息税前收益"，然后就是一顿云里雾里的解释。

在我看来，这就是一个"赚不赚钱"的指标。公司也给配套管理部门提出了"配套向商业转变"的KPI(关键绩效指标)。

因此我们为了这个目标"伊贝塔"（EBITDA）开始努力：我们给商户描绘美妙的故事，以及食街如何从亏损到赚钱的案例，你要是想把梦想包装得美丽，这毕竟还是咱的擅长。于是第一批租金从 1 元/平方米每天（租金单位）开始，第二批招商租金开到了 2 元，EBITDA 越来越好看，从 2 元到了 3 元，从 3 元到了 4 元，春漫里的社区商业是首次在文化村开始收取租金的物业，我们也总结出了"333"的模式。

从社区商业入手商业地产，从上海瑞安的创智天地，到香港的领汇社区商业，第一批招商的商户除了主力店，70％都要"洗掉"重来，这些商户叫作"炮灰商家"。

果不其然，很多商户第一次开店往往都没有经验，理想很丰满，现实太骨感，由于入住率不足，很多商户是在都勉强经营。到后来，商户联合起来要求我们免租，当然这是不可能给的，但我也是心怀愧疚。

最典型的就是李涛，他是杭州媒体界的朋友，后来成了村民，租下春漫里商业街最贵的铺子，开了一家杂货铺，请家里人来悉心打理，没想到把自己一年赚的工资都赔进去了，后来不得不关门大吉。

其实，这中间最核心的瓶颈在于，我们不是一个擅长持有物业进行经营的公司，目的是为了把商铺卖掉，而散卖的商业街是不会有好人气的，因为运营管理者是物业而不是业主，因此不会追加投入营造品牌引导人气，因此商业街无法形成购物体验，生存只能靠商户自己。

商业是要"养"的，散卖的商铺对于管理的人来说，就像保姆带孩子，孩子养得再好，始终还是给别人带小孩，因此很难全心全意投入，自然也不会有好的回报。

我总结社区商店经营得好的有三类店：太太店、旗舰店和连锁店。

太太店属于玩票性质，很多全职太太没事开个店，心态好，反而可以经营得好；旗舰店的目标不在于短期盈利，同时服务也做得相对较好；而连锁店就是财大气粗，耗得起，能熬过初期的亏损。

一日，清华大学哲学系教授来给公司高管做一个珠峰行动的培训，是有关哲学和价值观方面的教育。既然来到良渚文化村，我当然要陪着他四处转转。我们来到新街坊，看到各色小店，我告诉他，招商70％都是社区业主开的小店，几乎不赚钱，但是做得很开心。

教授感慨道：

原来中国也有Papa's Shop！你们要把这些店保护好，因为这些是社区的价值所在。

教授说到现在美国社区内轰轰烈烈的"Papa's Shop(爸爸的店)维护行动"：

美国因为大型连锁企业的不断兼并，很多社区里有记忆和感情的小店纷纷倒闭，甚至在很多电影里都看到这样的场景：大企业来了，小企业要倒闭了，整个社区都团结起来为小店说话。很多有识之士因此走上街头，在反对麦当劳、沃尔玛这样的连锁店，来维护"爸爸妈妈"店的存在。

因为美国主流社会看到了"爸爸妈妈"店的价值，很多人在保卫有社区邻里情感的小店，这些都是街坊邻里的记忆，也是维护社区和谐的场所。

最近知名的星巴克签约开到村里来了，很多人欢呼良渚文化村进入了一个新的时代，我却忧心忡忡地跟英国城市学会主席约翰·汤普逊先生表达了我的担心：连锁店进入社区意味着社区咖啡店的危机，也可能使社区商业生态失去多样性，是喜还是悲，可能还需要时间来证明吧。

商业是要"养"的，散卖的商铺对于管理的人来说，就像保姆带孩子，孩子养得再好，始终还是给别人带小孩，因此很难全心全意投入，自然也不会有好的回报。

壹拾玖
根据真实故事改编

有一种说法比较有趣,说联邦调查局 FBI 其实是一个美国价值观的输出机构,我觉得好莱坞才应该是美国的"中宣部"。我们对于美国自由、民主、富强社会的良好印象都是来自好莱坞的电影,而很多电影真正让人印象深刻的是都写着"根据真实故事改编"。

村里有很多温暖的小故事,其中改编成电影的一则叫"寻鹅"。事情是这样的:

一天在文化村竹径茶语小区的论坛上,一则话题让村民们格外关注: 小区的池塘里不知是谁放了两只大白鹅。

于是这两只大白鹅便成了每日小区论坛上热议的话题: 鹅去哪里了? 鹅住在哪? 有没有吃饱等等,络绎不绝。

> 两只大白鹅变成了整个小区的宠物。当然也有好心人去喂养，还有人特别为鹅在河边搭了一个窝，希望这个闯入村中生活的邻居可以在这里居住下来。
>
> 其实大白鹅的寓意很好，在古代每家每户都会养鹅，鹅是领地感特别强的家禽，是会给主人家看的，更会让人想起骆宾王七岁时的《咏鹅诗》："鹅，鹅，鹅，曲项向天歌。白毛浮绿水，红掌拨清波。"

一个社区里的"不速之客"，到后来成了社区里人的"公共宠物"、引发了公共的话题，这样故事如果发生在其他小区，会不会以不同的结尾告终，比方说鹅被人抓走吃了？

事情的起因是一位村民的客人来看望他，带了两只活鹅送给他，主人不忍心杀了吃掉，于是就在小区的池塘里放生，据说后来这两只鹅安然无恙地在小区的池塘里生活了好久。

这个故事在小区里很有名气，我们在构思这部微电影的时候，还特别请来了上海戏剧学院的导演，把这个故事编写成了电影脚本，在 2009 年的房地产展示交易会（房展会）上专门模拟做了一个电影院来放映，那时在房展会播放微电影应是史无前例的。

当时主管营销部的总经理是季勤，我记得在房展会搭建的影院甲醛味道还是很重，我们连夜买了很多菠萝切开去除味道。可是第二天马上要上映前，季勤请老周来验收，老周说："看电影的人要有可乐和爆米花，电影散场的时候灯光要慢慢亮起来，从看电影的人眼中看到泛动的泪花。"

这个任务真是让人抓狂至极，不过后来季勤的团队还是有执行力地找到了可乐与爆米花,于是那次的房展会上,有购房者排起长龙,看微电影并领取可乐与爆米花。

我始终认为这不是一次手段高明的营销,而是一种社区价值观的输出,也就是社区的管理者希望把发生在社群之中的真实、温暖的故事传达给更多的人。我常常说"移民文化村",很多人认为国外的环境更好,教育和医疗更有保障,因此移民国外,其实移居一个新的小区中也是"移民",因为要选择一处长期生活,因此社区的价值观反映了小社会的风气,将来会是人们选择移居目的地的首要考量指标。

贰拾
食物构建社区

食堂起源于日本的幕府时代,当时的民众遭受灾难,政府便开设了半公益性的食堂,供无法解决温饱的人们在此用餐。

到了新中国的大生产和大跃进时代,人民公社食堂曾经是社会主义先进性的标志。大家在食堂吃喝都不要钱,按需分配,自觉劳动,跑步进入共产主义的理想已经实现。再后来情况急转直下,食堂成了无底洞,有限的生产力满足不了无度的消费。

食堂本无过错,错的或许是当时人的人心浮夸和不实事求是。于是乎"食堂"二字便又成了"体系内的""吃公家饭"的地方,比方学校、部队、单位、医院等内部的用餐场所。

良渚文化村的村民食堂如今已是大名鼎鼎,搪瓷碗、竹筷子、红色标语以及"妈妈菜"的定位都是出自艾飞的手笔。他是北大才子,也曾是良渚配套设施的建设者。他几近苛刻地追求完美造就了今天的村民食堂。为了炸出满意的油条,炸油条的师傅换了20多个;油每天都会更换,豆浆是石磨现磨的,师傅每天夜里3点开始磨豆浆、炸油条。食堂里做的都是家常菜,家乡味道的妈妈菜。

这里的装修和菜品与创始者艾飞的风格一样,清新自然,却有着一股子傲气。他对于良渚配套的解读始终是三个阶段——"雪中送炭、锦上添花、孔雀开屏",尽管他离开良渚这么久了,依然保存着这份记忆,让人感动。

一开始食堂虽坚持品质为先,却在经营上饱受诟病,因为运营3个月亏损数十万元,这不是一个小店的持续经营之道。但后来发生了戏剧般的转折,老板王石来吃了烧饼油条,极力表扬,并要求万科每个社区都要有食堂。于是乎集团内风风火火的学良渚食堂运动开始了。

上海宝山四季花城开设了"四季食堂",提出建设目标:5块吃饱,10块吃好,15块脚打漂。后来深圳万科开设了"第五食堂",特色是机器人炒菜。于是万科的第五食堂便在大江南北火热起来。

那日老板王石去争取米兰世博会项目,世博会的官员对万科说,我们米兰世博会的主题是"世界食品的安全和可持续发展",我们已经不需要工程建设了。老王却说,我们要把食堂开到米兰世博会来。于是一拨拨的世博策展人相继来到食堂,有的在食堂观察社区的用餐情况,有的在研究中国人的饮食习惯,最近世博会万科馆的标语打出来了——用食物构建社区(Building the Community Through Food),这正是新一代食堂的精神。

无印良品的设计总监原研哉来万科的食堂用早餐,感慨道,无印良品在全世界开展了用一个"无印"物品代表一个地区的活动,如果要选择一个代表良渚,那就是这根油条了。世世代代相传的东西,是流淌在血液中的,也是无印的真正好东西。

著名建筑设计师丹尼尔·李布斯金来食堂的时候问了一个问题:这里的保洁人员、建筑工人和绿化工人都可以在这里用餐吗?我告诉他,食堂不以营利为目的,在这里花 1 块钱就可以吃饱,在中国任何地方都做不到:1 块钱买一份饭,然后咸菜和汤全是免费的。我相信他关注的是低收入人群的就餐问题,也是一个社会公平公义的问题,这也开始让我们关注到弱势人群,这是后话。

2013 年,在珊珊的倡导下,食堂推出了一项管理举措——"食堂服务人员能叫得出业主的名字",这是源于对亲情式服务的理解。很多老人和年轻人都不在家里做饭,选择在食堂用餐,把食堂当作自家餐厅一样。那食堂的服务者就更应该把这些"村民"作为家人来对待了。

如果有老人来用餐,我们要求服务员不但能叫出名字,而且会推荐适合他的菜肴。比方说发现大伯感冒了,就推荐一些润肺补气的菜。这样实施下来效果很好,比"微笑服务"效果好多了,做到了真正的"宾至如归"。

怀玉和王厨都是食堂的老员工了,从食堂创立到现在一直在。怀玉是餐厅经理,来自富阳农村,踏实勤劳是他骨子里的东西,待人接物也张弛有度,有人跟我说他原来是混社会的,我觉得这样也很好,让我反更有安全感。王厨的菜做得最好了,经常会发明一些新菜,他为人老实憨厚,后来还买了七贤郡的房子,相信他会一直在这里服务下去。

在村民食堂推出之后,我们发现村民出村时要停车来买油条很不方便,于是我们在车辆进出的位置设置了"外卖",叫作"汽车食堂"。最早我们参考了麦当劳的汽车餐厅,当然汽车餐厅要先进多了,有电子呼叫系统和车行动线。我们的定位是村民食堂推出的"便民服务"。村民经过的时候不用专门停车去食堂里点餐,而是直接停车,刷"村民卡"买单。

每次到食堂用餐,我都会坐着感受一下食堂的氛围,或者挑一些毛病。有朋友告诉我,在中国的餐饮管理中,老板必须在现场盯着挑毛病,于是我尽量在这里做得像一个老板,而不是职业经理人。

我经常去看一下放在餐盘回收处的意见本,希望看到一些鼓励和表扬的话,但经常看到的都是"菜太贵""菜太咸了""品质大不如前"之类的话。但这些留言更能够让我们努力把服务做好。奇爷说过一句话"从善如流",我们只要有着坚持做好服务的心,相信就会获得更多的收获。

第三章

开放的容度

壹
名正，言顺

中国古代有一种职业，专门给人起名字。起名字是个大学问。

冯小刚导演曾在微博里呵斥中国房地产项目起名字没有文化："中国许多城市的许多小区、建筑，都取了个外国名字，叫什么加州水岸、纳帕、普罗旺斯、格拉斯，简直匪夷所思，反映出来的是文化上的不自信。"

很多来的人都觉得良渚文化村的小区名字很不同，其中有一个小插曲：

在2007年的时候，杭州万科要把良渚文化村的名字改为"良渚万科城"，没想到遭遇了以早期意见领袖奇爷为首的村民的联合抵制，通过不同渠道与万科沟通，甚至差点爆发群体性投诉，后来才把"良渚文化村"这个名字留了下来。良渚的名字在万科集团就有了新的不成文规定：名字都不许改。

有人认为这是一种理想和现实之间的博弈，我并不这么看。只有万科这样特别在意客户满意度的公司才会向业主的意见妥协，放在其他公司早改了。此外,早期项目取名字遵循着既"当地化"又"国际化"的原则,而且这些名字确实好,也改不出更好的了。

比如良渚文化村的小区在命名时,参照"当地化"的原则,参考了杭州的"西湖十景",用 4 个字来组成一个项目名字,并且每个名字都有寓意历史典故,成为 8 个早期小区的名字:竹径茶语、阳光天际、玉鸟流苏、白鹭郡、劝学里、随园嘉树、绿野花语、金色水岸。

陈军现在是良渚文化村项目的董事长,我们亲切地称他"老爷子"。他在杭州文坛挥斥方遒,曾是作家协会副主席,著有《北大之父蔡元培》《宋词之美》等书。老爷子送过我两本,他在书的扉页上签名:"毅晗小弟惠存"。陈老爷子说:"我管你叫小弟,这是文化人之间的称呼,希望你要把文化变成人民币。"

据陈老爷子回忆,为了这几个名字,南都的策划智囊团在酒店房间里憋了几个晚上,除了借鉴杭州"西湖十景",不少名字来自良渚当地的典故与地理记忆:竹径茶语地块原来种着竹子,有茶园;玉鸟流苏是来自良渚文化发掘的"玉鸟",而流苏则是玉鸟飞翔时在尾巴挂着的飞絮,寓意着几千年前的文化现在以一种新的生活方式展现出来;随园嘉树中的"随园"是指随园老人袁枚,而嘉树是茶树的雅称,寓意一种老人的长寿和懂得生活。

之后小区命名就有一些插曲,因为良渚文化村有着超级复杂的"五级命名体系",比如白鹭郡下面就有:白鹭郡南、柳映坊、柳映坊二期、柳映坊二期保留房……

后期还出现过一些本土和国际结合的名字,其中工程名字和案名共同使用是最奇葩的,比方说"探梅里 A""郡南 2B"。当时我善意地提醒过良渚项目总经理季勤："项目叫'2B'好像有些不太好的寓意。"她却说："我觉得挺好,你不要想歪就是了,是第四声,不是第一声。"还嘟囔了几句。

　　重视名字,从起一个好名字开始,名字本身也就成了一种文化符号,更是一种自信的力量。正所谓名正了,言就顺了。

> 　　重视名字,从起一个好名字开始,名字本身也就成了一种文化符号,更是一种自信的力量。正所谓名正了,言就顺了。

贰

班车停运

很多郊区大盘为了解决住户的出行问题,都会迫不得已自己掏钱开通"业主班车",来弥补政府公共交通的不便,但这是一个不可持续的方法,因为业主会越来越多,而开发商总有要离开的一天,因此,业主班车都将面临缺乏资金而停运的命运,停运便会招来投诉,甚至是群诉,从而造成更大的社会问题。

在万科体系内也不乏这样的案例。还有开发商把班车的车身广告作为一种开通班车的理由,反正要投放户外广告,班车在市中心跑不是移动的广告吗?这是用营销费来养班车的逻辑,试想有一天房子卖完了,没有营销费了,谁来支付班车广告和运营费用?

良渚文化村也曾有自己的班车,自 2007 年开通,当时就约定只运行 5 年时间。到了 2012 年停运的前夕,已经从最初的 2 辆车发展到 6 辆车,每年的营运费用达上百万元。而班车的乘坐无法市场化,我们计算过,如果要盈亏平衡,车票高达 10 元/人，这么高的票价，还会有人乘坐班车吗？

我们在台湾地区也看到过社区开通免费穿梭巴士的，但是：第一，那都是小巴士，只提供给老人和小孩出行使用；第二，小区收取高于大陆地区 10 倍以上的高额物业管理费，班车的运营费包含在物业管理费中。

在班车要停运的前夕，客服部门与我们一起未雨绸缪，考虑如何做到"班车无投诉停运"：

首先，我们开始在班车上张贴告示，告知客户要在约定期限内停运，这是在降低客户的预期，是最难的部分，相当于是下了战书；

其次，我们开始与驾驶班车的师傅和公司进行谈判，要求驾驶员不能挑起业主的情绪，以统一的口径面对客户，若无投诉停运则给予奖励，当时班车运营的公司态度十分配合，愿意好聚好散；

最后，我们在班车上张贴停运的倒计时牌，一次又一次地告知乘客，不断强化信号，降低业主预期，稳定客户情绪。

当然这些都是雕虫小技，不能解决根本问题。

当我们从业主实际出行考虑，与杭州市公交集团进行了谈判，公交集团领导很支持，也给了我们解决方案：开通快速公交 B2 的支线 B 支 8，从远郊的接驳站"同台换乘"开到文化村，而且限定了高峰期 15 分钟一班以及其余时间发车的频次。

最重要的一步，就是在发布消息的前一天晚上，我去到老周在村里的办公室，他已经应酬喝得微醺。我跟他简要汇报了班车谈判的进展和公交公司最后测算的引进车的报价。老周面带红光，露出了他招牌式的笑容说："就这么定了，我们干吧!"

就这样,我们就提前一个月拿到了快速公交车进村的合作协议,马上通过各种渠道进行了广泛的告知,同时在停运前夕运用报纸等媒体进行了"快速公交进村"的消息告知,引发村内的良性舆论。我们用了"先出善手"的法则,将客户满意度放在第一位,考虑到业主出行困难,补贴引进公交车,从根本上解决了问题。

在停运的前夜,我们从村民当中发觉了一种依依不舍离别的情绪,于是在当时客服经理"盈盈"潘卫群的倡导下发起了一个纪念活动——坐最后一趟班车。在最后一趟班车上,业主们的情绪是很感人的,而这样的正能量也表现了文化村村民的文明素质。

在B支8开通、班车停运的那个早上,7点,我们组织了一个小小的纪念活动:万科送给开班车的司机师傅每人送了一坛五年陈的黄酒以及一张荣誉村民卡,寓意着他们5年平安驾驶不能喝酒,现在可以放开喝一顿了,此外,他们永远是良渚文化村的荣誉"村民"。

这时,看到告别仪式的业主也纷纷来与司机合影,并给他们送上五年陈黄酒。就这样,在一片村民公约倡导的和谐氛围中,运营了5年的班车正式停运。

小区班车无投诉停运,前无古人,愿后有来者。

叁

村民卡

一次在英国出差,碰见一位曾经的良渚文化村民,她建议是否可以不取消村民卡,因为这三个字对他们有很重要的意义,是一种村民身份的象征。

村民卡的点子来自艾飞,他提出,是不是可以在小区里真正做到"一卡通"?

后来想,其实我们口袋的卡片已经很多了,各类门禁卡、消费卡、信用卡,除了皮夹,还得要卡夹。所以我们在研发"村民卡"社区一卡通的时候提出了一个要求:不让业主口袋里再多一张卡片。

于是艾飞找到了技术解决方案,就是将社区消费卡和门禁卡合二为一。其实参与技术研发和创新的实施团队也是"村民"——杭州融鼎科技,这家科技公司的创始人夫妇就是住在白鹭郡南的村民——石国伟和周云凌。

我最早认识石国伟是在2005年,当时我刚参加工作,他太太周云凌是我的直属领导,他们夫妻俩都是诸暨人。一次我们一起在西湖边吃饭的时候,他给我展示了他的创业方案,当时他的创业项目是一个物理的支付平台,在便利店里面可以缴纳电费、话费等费用。我当时不是太理解互联网思维和创业的逻辑,而石国伟是杭州最早的一批互联网创业者。

后来他们做了杭州市民卡的一些外包服务,比如充值业务,后来又做了杭州公共自行车系统。正是他让我知道,这张看似免费的卡是如何盈利的。市民卡和公共自行车租赁绑定后,收入主要来自两部分:一部分是来自押金的沉淀,如果杭州有500万人都使用了市民卡,每张卡办理时都存200元的租车押金,而这笔押金是不会再去使用的,那就是10亿元的沉淀资金,相当于有10亿元无息贷款可以使用;另一部分是公共自行车位的广告位收入,这也是一大块不可忽视的部分,试想杭州城里这么多广告位,收入可谓不菲。

这样两部分加起来,市民卡就是稳赚不赔的项目,同时也给市民带来切实的方便。这样一个各方都受益的项目,为什么不将其引进良渚文化村呢?

于是我们后来效仿杭州市民卡的模式,设计了"村民卡",因为那时良渚的入住率还不够高,因此沉淀资金还不是很多。但是村民卡给村民带来的便利是不可估量的,我们的口号是:散步只要一张卡。

后来有人说村民卡是良渚文化村的"货币",有人说是文化村村民的"身份证"。如今,村民卡已经被万科物业集团在全国发行的"社区一卡通"所取代,村民卡已经完成了"试点"的使命。可惜的是本土化的村民身份认同又变成了整齐划一的万科化,而绑定的物业费等消费似乎也很难得到村民们的喜爱,如果可以做到既照顾感情又扩展功能,那将是村民卡最好的归宿。

如果村民卡还存在,我们曾经想过将村民卡和银行卡绑定合作,或者将村民卡和支付宝绑定合作,干脆把卡片虚拟化,同时向社区金融发展,把村民卡开成实体社区银行,并开展贷款业务,如果有朝一日可以将万科的 500 个社区整合起来,那么社区一卡通才有了真正的新业务价值。相信会有后来者持续创新,超越村民卡曾经的辉煌。

一个社区,在动员社区参与的时候,如果可以将社区里人的智慧发挥出来,那将是无穷的资源。而融鼎科技的创业者在给我们提建议的时候是抱着造福社区的发愿心,他们只想着把村里建设得更美好一些,让村民的生活更方便一些,而我们采纳了他们的建议,财富和名望那都是后来的结果。

> 一个社区,在动员社区参与的时候,如果可以将社区人的智慧发挥出来,那将是无穷的资源。

肆
伟大的万科物业

万科物业的服务全国第一,扛着"好服务"的旗子那是没得说。而良渚文化村的万科物业还体现出了另外一种姿态,就是公共服务的意识和管理能力,因为把一个小城镇的房子管理好了,才可以想象如何去管理一个城市。

2009—2012年负责管理良渚文化村"公共界面"的物业经理叫胥国成,他在任的时候做了不少工作,这里跟大家分享3个万科物业在良渚文化村的管理案例,或许对很多社区乃至城市管理者都有借鉴意义。

1. 水危机事件的处理

2011年6月,杭州苕溪水域被上游临安化工企业排放的污水污染,而良渚的饮用水就是来自苕溪,良渚安吉路实验学校因此停课72小时,整个小区的饮水成了大问题。那时的杭州可以说是风声鹤唳,巧的是此次污染偏偏又是在富春江污染后一天爆出,杭州市所有超市里的水此时早已抢购一空。

良渚文化村的物业立即与上海万科物业公司紧急联系,调用了一卡车的消防日用水,停在玉鸟流苏广场,并公告供村民免费使用。同时还紧急调来了1000箱矿泉水,在社区里平价出售。

物业在公共危机事件上的迅速反映和处理力度赢得了业主的尊重与信任,最后业主都夸万科物业好,急人所急,这是物业最打动人的地方。

2. 出走的老奶奶

有一天深夜,保安在良渚文化村的路上巡逻,发现一位老太太行踪可疑,似乎是在小区道路上徘徊,保安盘问发现老奶奶一言不发,随即报告了值班经理。值班经理立刻联系了派出所,派出所民警同志回复:半夜路上的老奶奶太多了,都要我们去管的话也管不过来。

于是值班经理便让安全员把老太太带到了保安值班室,给她吃东西、喝水,并让她安心在那里休息。同时,安全经理也把老太太的长相和容貌记录下来,用邮件发给物业的其他安全员,要求协查。

说来也巧,一个安全员在晚上看电视的时候,看到电视台在播一则寻人启事,并做了比照,发现是离家出走的老太太,于是在第二天联系了她的儿子,她儿子从乡下赶过来,将因为吵架而离家出走的母亲接回家。事后他们还送来一面锦旗。

3. 黄沙水泥车的治理

杭州市区飞奔的黄沙车治理算是一个很失败的案例,郊区的黄沙车超速超载,常闹出人间悲剧。而当时的杭州市委书记三番两次在报纸上批示,一定要严肃查处,但是悲剧经常在治理整顿一段时间后再次上演。村里也同样遇到过违规黄沙车扰民和污染公路的问题。

村里有一支特勤队,都是转业的武警官兵,身强力壮,擒拿格斗样样精通。一日黄沙车队徜徉而过,这时特勤队出动,直接把途经的黄沙车队挡在村口,不让他们进村。这时黄沙车司机很嚣张地叫来老大和帮手,准备和物业特勤队大干一场。

他们哪里知道面对的是一支精干有力的队伍,特勤直接就把上来滋事的人拿下,有的还负伤进了医院。物业即刻报警并去医院慰问,警察只得当民事纠纷处理。而这时黄沙水泥的老板知道村里的物业不好惹,只好乖乖绕道而行。

大型社区的物业管理,不仅仅是做好保安、保洁这么简单,尤其是城镇的物业管理,涉及很多专业化领域,比如:公共道路、产业园区、商业物业、公园体育设施,甚至是农林鱼水等的维护和管理。因此物业如果把这些作为新的业务而不是包袱,相信会发现一片物业管理的蓝海。

> 在大型社区的物业管理,不仅仅是做好保安、保洁这么简单,尤其是城镇的物业管理,涉及很多专业化领域,比如:公共道路、产业园区、商业物业、公园体育设施、甚至是农林鱼水等的维护和管理。

菜场的五个面

　　菜市场是一个市井社会的核心,也是对中国人很重要的"吃"这件大事的中心。很多老人早上都要去菜场买菜,年轻人下班第一件事就是冲进菜场买菜回家做饭。吃饭这件事在中国人心中比任何事都神圣和具有仪式感,而菜场则是这种仪式感的前奏曲。

　　那么我们为何在房地产项目建设中建那么豪华的五星级会所呢? 是不是建一个五星级的菜场来得更实在呢? 我们去会所的频率低得可怜,而我们父母亲几乎天天去菜场,把菜场建设得更好,对我们的住户来说不是更实际吗?

　　说到菜场,就要提到古荡农副产品有限公司的总经理金长,人称"老金"。老金有很多关于菜场的理论,他最著名的就是"菜场比超市要好"。原因有三:

第一，菜场的菜更新鲜，超市的菜是提前打包好速冻运输的；

第二，菜场的收银更人性化，菜场都是摊贩与人打交道，而超市要排队；

第三，菜场天天逛，而超市一周才去一次，因此逛菜场幸福感更多。

玉鸟菜场在设计的时候，根据建筑设计师方海锋提出的意见，设计了水冷空调，尽管后来效果不是太好，但是也体现了环保节能的意识，屋顶的格栅通风也达到了既美观又通风的效果。

在菜场的管理方面，老金更是三八红旗手，他自己总结出管理经验，菜场要看五个面：

一看门面：门面是否干净决定了这个菜场是否经营管理有方；

二看地面：保洁到位，地面不湿滑是菜场内部环境管理的关键；

三看墙面：墙体不能污浊，当然这与卫生有关系；

四看台面：台面就是摆放蔬菜和肉类的台板，这也与卫生有关；

五看脸面：脸面就是摊贩的服务热情程度，因为摊贩都是做回头客的生意，因此服务热情是必需的。

我们做到了在菜场也可以刷村民卡，免除了找零带来的问题，比方说菜场找的零钱往往比较麻烦，零钱也比较脏，就算拿回来也不会用，而刷卡就比较卫生了。

在菜场的经营上，我们管理团队也想足了办法，我们举办"我爱良渚文化村，我去菜场多买菜"的活动，通过减免菜场停车场的停车费来促进菜场的销售。并且每个月将村民卡在菜场的消费数额进行排名,鼓励在菜场消费前十名的客户。

不过菜场的经营也会遇到瓶颈,比方说菜价高低不一,比方说由于入住率不高带来的消费额偏低问题,比方说无证摊贩的经营对菜场的影响。这里尤其要说到无证市场,文化村有一个自发形成的"桥头菜场",每天早上在村口的桥头都有很多人摆摊,也是热闹非凡,后来居然还有了炸油条和卖服装的,可见桥头菜场的兴旺。可是桥头菜场对玉鸟菜场的影响非常大,一方面营业额被占去至少一半,另一方面对正规商贩的信心打击很大。

我们曾经去城市管理部门反映过无证摊贩的问题,城管也管过几次,结果碰了钉子,这钉子还不是外人,是我们一个激动的业主。这位业主把城管执法的摄像机抢走不说,还拍下城管的执法照片,扬言要放到网上,后来城管队长还专门领着下属去这位业主家道歉。后来我们再去沟通要求执法,城管就很难再管好良渚文化村桥头无证菜场的问题。

从中可见城市管理的复杂性和困难性,其实城市管理的内容不仅仅只是维护城市的整洁,更是要解决经营户的合法合规经营问题。市场的存在是因为需求,不能通过打压市场的行政手段来干预,而是要疏堵结合,比方说后来我们考虑在菜场里成立自贸区,也曾考虑将菜场的经营内容不仅仅局限于生鲜,而是按照老金说的将"菜场超市化"。

后来我还去过香港著名的菜场——领汇。当时万科抛出了"五菜一汤"的概念,号召社区商业学习香港领汇。结果我跑去一看吓傻了,领汇哪里是社区商业,分明已经是集中商业,坐落在容积率5.0(居住密度是中国城市的2~3倍)的政府廉租房楼下,还是地铁上盖的物业,然而领汇菜场已经经营了30多年。

　　所以凡是商业都是要慢慢养的,心急不得。

　　后来我到过台湾的菜场,很人性化,除了买菜之外还可以买花和其他小商品,甚至还可以买一杯奶茶,似乎多种多样的生活才是菜场的需求。但是国内的菜场因为经营品类的单一化,导致客户在菜场购买的客单价不高,种类不多。这也是农贸市场管理体制带来的问题。

　　吃饭这件事在中国人心中比任何事都神圣和具有仪式感,而菜场则是这种仪式感的前奏曲。

社区图书馆与工人文化宫

杭州市委党校的王国勤博士是留美社会学学者,他的研究课题是社会中极端事件的发生原因,以及如何构建和谐社会。因为村民公约的原因,我们与王老师一直有着良好的互动,他也算是良渚文化村社区管理的智囊团之一。王老师给我们讲述过一个他在美国社区图书馆的故事。

一次他在社区图书馆看书,图书管理员突然走出来说:有一个小女孩,第二天要面试,却不知道如何准备,他想现场寻找一些志愿者,可以帮助她通过第二天的面试。

当场有不少人志愿报名,王国勤老师作为社会学研究者也加入了其中。大家在图书管理员的引导下,来到一间会议室,志愿者中有很多有经验的管理者,他们分别模拟面试官对小女孩提出面试问题和建议,最后小女孩在辅导和演练下,很有信心地离开了图书馆。

这是一个独特的美国社区图书馆,而又远远超越了社区图书馆,它对整个社区的和谐负责。

我深受这个故事的启发,尤其是在村民"引子"的建议下,我们开始筹备社区图书馆。

要推动社区图书馆的建设非常困难,因为这不是一个商业逻辑下的选择。企业的理由十分正当:企业要对股东负责,对盈利负责,一些不赚钱的项目便不受"待见",而社区图书馆便是"赔钱赚吆喝"类的项目。

最后我们说服刘肖的理由就是"图书馆是一个城市文化的地标",当然他也给我定下了两个筹建图书馆的原则——第一,藏书都要捐赠;第二,后期经营不补贴。这是对后期配套工作最大的支持和理智的边界,也是未来社区公共建筑建设和运营应遵循的原则:动员社区共建以控制建设成本;运营上发展商不再补贴。

其实社区图书馆就是一个工人文化宫,现在这个词已经很少用了。

因为父亲曾经在县城的工人文化宫工作,我是在工人文化宫里度过我的童年,那里有阅览室、棋牌室、桌球室和录像厅。

录像厅在三楼,100多人的场地只有一个很小的电视机,门票也很便宜,父亲晚上在录像厅放映电影,我就坐在录像机前看着,快放完了就要去办公室叫他来换磁带,也因此看了不少港台电影。二楼图书馆也是我常去的地方,我到现在还记得那熟悉的书的香味,我最爱看香港的杂志《幽默大师》。

文化宫当时也是镇上大型活动的场所,比如书画展览、崂山战斗英雄事迹的报告会、马戏班子的演出等等。

一次我去到台北市的中山纪念堂,发现这里分明也是个"文化宫":地下室一层全部都是自习室,对市民开放,满满的都是人;地上二层都是展览空间,是个美术馆;而真正纪念孙中山先生的部分也就是入口的一个雕像以及部分文物的陈列展室。

在对图书馆进行定位的时候,除了借阅书的功能之外,我们还把三个功能放在其中:

社区的自习室:这是供安静学习的一个场所,读大学时大家都会去图书馆自习,因为宿舍里没法学习,而现在很多居民家中因为几代人共同居住,也没有学习空间,这里正好可以弥补这个空白;尤其是学校四点半放学后,家长把孩子放在哪里比较放心?当然是图书馆。

社区讲堂的教室:其实社区活动中心就有社区教室,但是利用率不高,因为没有经营主体,而与图书馆结合,可以很好地解决这个问题,社区图书馆与文化人有关,有稳定的人流量,因此社区图书馆楼上的讲堂使用率很高。

报刊的阅览室:阅览室是看书的地方,目前纸质图书逐渐被电子图书取代,但是图书馆的功能是逐渐在社区化的,因此阅览室可以将很多杂志、报纸集约化利用,也可以成为老年人读报的生活空间,还专门设计了"考拉"绘本图书馆。

于是我通过一位业主找到杭州市图书馆的褚树青老师,他是全国知名的图书馆馆长,他因为不阻拦乞丐进入图书馆看书而成了"网红"。褚树青老师也给社区图书馆的定位提了不少意见,比方说社区图书馆可以和杭州市图书馆联网,用市民卡通借通还;可以做一些适合老年人阅读的空间,因为社区老人不方便远行,可以让志愿者给老年人读报纸。

我们跟褚树青老师也讨论到了社区图书馆的可持续运营问题,一方面可以接入政府公共图书馆系统,另一方面尝试着志愿者运营,来降低人工成本。我们按照这个设想在做,图书馆的一半书籍来自杭州市图书馆系统调拨,一半来自业主捐赠,一共收到捐赠图书 10000 多册,目前还有人在源源不断地捐赠图书。

做事情的发愿心很重要,当你不带任何功利之心,踏踏实实努力去做一个中国最美的"社区图书馆",那么不仅是现在,将来还会有更多的人来参与进来。我相信社区图书馆会在良渚文化村一直存在下去,并越来越体现出其价值。

> 这是对后期配套工作最大的支持和理智的边界,也是未来社区公共建筑建设和运营应遵循的原则:动员社区共建以控制建设成本;运营上发展商不再补贴。

柒

可以跳排舞的广场

一次我应邀去上海参加活动,走到黄浦江上,看到沿黄浦江畔公园里有上百个广场舞大妈。现在中国大妈已经把广场舞跳到了美国、加拿大、澳大利亚、英国,一次我在英国康河边散步,远处传来一阵"小苹果"的音乐,真是哭笑不得。

后来刘德科给我发来一张照片,是在良渚文化村小区内的停车场,一个保洁阿姨在练习跳排舞。这张照片可以说是良渚文化村年度最感人照片之一。

广场舞这种似乎庸俗的健身文化充斥在每个人身边,让人浑身不舒服。可能在很多人眼中,此前也包括我,都觉得排舞是一个上不了台面的舞蹈:一群人听着庸俗的歌曲,饭后在广场翩翩起舞,而那些舞蹈也谈不上很有美感,只是一种广播体操的变体。

此前良渚文化村有一批老奶奶组织起来跳排舞,开始在居民楼下,但楼上居民向万科的客服投诉,于是客服出面让老人们换地方,后来在春漫里新开的超市门口跳了起来,结果领导看了觉得老人在超市门口跳舞不雅,影响展示形象,便把这些老人驱赶到了另一处偏僻的角落,渐渐地便不知去向。

后来我发现,在我们小区的车库里,大妈们会聚集在一起练习排舞。慢慢地,我对排舞的看法开始变化。

2013年春节的年会上,我作为良渚文化村商业配套的负责人,参加了酒店公司和村民食堂员工表演的春晚,让我大跌眼镜的是,春晚有一个节目就是排舞。我那时开始审视这些跳排舞的都是食堂的大妈,她们都笑得很开心,身体也很健康。

既然都是让人开心的事情,那么我们为什么那么排斥这类活动呢?

可能国外的运动习惯是慢跑、徒步甚至是赛艇之类,显得洋派和"高大上"。但是在中国,却是太极拳、排舞和走路,因为这是成本最低的健身方式,是人们生活的一部分。

而作为生活的规划者,我们要接纳和尊重这样的活动,并给这样的需求提供场所帮助。那些法式绿化、英式水景、美式草地,都离我们的生活太远,为什么不多一些无痕迹的广场、散步道、风雨活动场地呢?

于是我就开始思考适合排舞的广场,当然,除了排舞,轮滑等年轻人和小孩喜欢的活动,也需要适合的广场。

当时在文化艺术中心建设广场的时候,我对建筑师方海锋的广场设计意见只有一条:要有一个可以站人的平坦的广场,再讲得通俗一些,就是给老人一个可以跳排舞的广场。

　　而作为生活的规划者,我们要接纳和尊重这样的活动,并给这样的需求提供场所帮助。那些法式绿化、英式水景、美式草地,都离我们的生活太远,为什么不多一些无痕迹的广场、散步道、风雨活动场地呢?

捌
墓地是给活人的配套

　　社区的开放性,源于对一切事物的包容与接纳,尤其是那些看起来不是那么美好甚至是骇人的事物,比如死亡。宗教信仰让人们学会面对死亡,我们社区也应该学习面对往生后的生活,而墓地则是我们绕不过的话题。

　　最早有村民建议过建设墓地,很多人都想死后就埋在这里,但是问题就是谁都不希望跟"往生者"住在一起。东方文化中死亡是众人避讳的话题。

　　韩国新锐建筑师承孝相是王石主席的朋友。他来过良渚文化村几次,曾聊到他最喜欢看墓地,甚至说:如果你们感兴趣,我可以作为欧洲墓地旅游的向导。他关注了 20 多年的墓地,对墓地了如指掌。

　　他提出,良渚这个社区应该有死人的住所——墓地。墓地其实不是给死人的住所,而是给活人的"配套"。

　　韩国和中国的墓地设计都是很失败的案例,不可参照。韩国与中国一样都是在人死后才寻找埋葬的地方，身体被火化后放在盒子里，集中安放在大楼，而且大楼也就存在五六十年时间，后来盒子就不知道要搬去哪里了。中国的情况也好不到哪里去。

他认为，社会上的人浮躁，是因为人死后不知道被埋在哪里。连自己的终点都不知道，怎能让人不浮躁呢？

他举了一个日本规划墓地的例子：在日本，每个社区都会有小规模的神社或者庙宇，而神社旁边就是墓地，其实欧洲的教堂模式也是如此。他认为这是聪明人想出来的模式。

他曾有一个日本朋友，一日一起喝酒到很晚，酒后这位朋友突然很想念去世的父亲，想去看看他。承孝相就感到很纳闷，怎么半夜里还去公墓，这不是很恐怖的事情吗？结果让人吃惊的是，原来这位日本朋友父亲的墓地和小酒吧只隔着几个街区。

承孝相认为，墓地结合社区布置，会让住在社区的人有安心稳定的感觉，同时活着的人也会因为方便到达祭拜的地方而感觉心灵受到庇护。如果想要社区的墓地不那么吓人，可以结合宗教设施进行中和，西方的教堂就是如此。

承孝相在参观了良渚文化村后说："我看了很感动，看到万科不仅在造房子、卖房子，而是在营造一个共同体，在营造一种理想生活，而这样的理想生活不仅是中国的，更是全人类的，在这个共同体里面可以看到老人小孩、穷人富人，都找到一种安心稳定的生活方式，这不仅是一个开发商应做的事情，而是超越了开发商的（职责）。"

如果他要提意见和建议的话，应该有死人的住所，还有灵堂，其实墓地是给

走进梦想小镇

活着的人的一种设施,要有追忆村民逝者的地方。

　　墓地结合社区布置,会让住在社区的人有安心稳定的感觉,同时活着的人也会因为方便到达祭拜的地方而感觉心灵受到庇护。

玖

学习"浙报食堂"好榜样

良渚文化村的村民食堂在开业以后的经营过程中有很多对标"标杆",不得不提的就是浙江日报报业集团的食堂,这个食堂的经理叫宋飞来,大家都管他叫老宋。

第一次见到老宋的时候,他骄傲地说:"现在浙报集团的李总也是我微博的粉丝呢。"

老宋不但食堂管得好,而且很用心地用自媒体宣传,今天进了什么菜都会在自己的微博里面宣传,看到的是对这份工作满满的喜爱。

会刷微博的厨子确实稀缺。前几天还有一个很潮的"食堂快闪"活动,把我们羡慕得流哈喇子(口水)。

浙报集团已经把食堂作为一个员工满意度的堡垒,来给"街对面的竞争对手"以心理上持续的打击,整体提升了员工用餐的满意度。

而往往我们都是输在了最基础的"吃"这件事情上,所以村民食堂也是同样的道理。

我们去学习取经的时候,一开始老宋很纳闷:做房地产的人为什么要来学餐饮呢?房子不是都搞得好好的吗?钱赚得也不少啊?

后来我们通过交流,更深刻地了解了餐饮这个行业:房地产业和餐饮业虽同属服务行业,差异还是很大。房地产管理模式粗放,是资金集约化的运作模式,靠财务运作、投资驱动,财大气粗;餐饮则是小本生意,赚钱是靠一分一厘省出来的,是名副其实的"省老板"。

浙报食堂的老宋给我们分享过一个案例,让我至今记忆深刻:有一天他接到客户的投诉,说在青菜里吃到了虫子,他就专门跑去供菜商洗菜的地方看,结果发现了问题——灯光太昏暗,洗菜大姐根本无法看清菜洗得干净与否。于是他要求供应商把灯泡从40瓦换成100瓦。

这是一种"精细致远"的精神,我常常把这个案例与食堂的管理人员分享。

回头想想,如果投诉发生在我们房产公司,通常做法则是把供货商拉过来训斥一顿,告知"如果再发现就扣款",并责令整改;再做些客户方面的情感维系动作,例如免单加上感情修复的小礼物。而这样的问题始终还是会一犯再犯,因为供应商不会因我们管理人员的训斥而改进成长,也没有发现问题的根源。

行业虽然有壁垒,但是在管理上是相通的——"制度的完善"和"管理者的用心"缺一不可。

我们从宋经理身上学到了对业务的激情执着和专业用心,让我们食街管理团队感悟良多,相信在以后的工作中我们会更用心。

同时餐饮行业卖的是吃到肚子去的东西,更是需要有责任心的人才能做好。还有一个做得好的核心原因就是老宋讲的,有浙报集团老总的关注。其实这对于一线的员工也是一种重要的鼓励,就像"习大大"去吃庆丰包子,于是所有做包子的人都像打了鸡血一样。

行业虽然有壁垒,但是在管理上是相通的——"制度的完善"和"管理者的用心"缺一不可。

壹拾
包子里的匠人精神

食街除了村民食堂,还有另一家招牌的早餐店,就是"甘其食"。

甘其食的引入故事也很传奇。当时我们在开管理层会议,时间已经到了中午,于是老周就差遣人去买了包子,正是"甘其食"的。会议桌上大家都摊开吃了起来,美女副总吴蓓雯一口气吃了 7 个,于是当下老周就有了灵感,让我查查甘其食是否有网站,结果还真的有,而且做得十分精致考究。

老周一看甘其食的网站,立即拍板:"一家做包子的公司可以把网站做到这样,一定没错了。"

后来艾飞约到了甘其食的创始人——童启华,他居然是半个"村民",姐姐住在村里。身为台州人,他们身上有一股浙江商人的睿智,当然也有年轻一代的激情。在与甘其食合作后,童启华告诉了我这家包子店的故事:

良渚文化村食街店是甘其食的第 38 家门店。为了开这家门店,当时他与管理层打赌,这家包子店日营业额绝对不会超过 500 元。结果当然是他输了,后来日均营业额都在 3000 元以上,他后来甚至提出来要买商铺长期经营,因为他前几年开店的盈利足够买下商铺。

现在甘其食已经发展到几百家,不但拿到了风投,还在计划上市,现在更是把包子做到了美国。而童启华也被誉为是最帅的包子店老板。

我从他那里学到很多餐饮管理,尤其是连锁店餐饮管理的理念:

比方说关于器皿,他对于包子的器皿十分考究,蒸笼用什么品种的竹子,怎么编制,如何维护使用,这都是保证包子蒸出来的口感的必要条件之一。我此前真没有想过包子的口感和蒸笼有什么关系。

而包包子的食材就更不在话下:挑选什么样的猪肉,什么样的菜,原产地在哪里,如何屠宰、加工和冷链运输,如何分配到每家店里,然后以什么样的标准包成包子,有多少个褶子,每个包子多少克,他都如数家珍。

我在一个做包子的人身上看到了"匠人精神",一如我们看到的网站、包子、器皿、门店装修等等外延,其实产品就是人品,服务更体现人品。

还有他对于员工的关爱理论也让人受教。一次他跟我一起去上海参加一席(一个演讲及网络视频节目)的活动,说他们家老人从小便告诉他,在台州方言里面有一个俗语:"对长工好有米,对老人好有福"。

因此他在所有门店都会就近租一套房子给员工居住,并请一个阿姨给员工烧菜,以保证员工的休息和用餐。

一次我参加浙江大学的大学生创业大赛评比,在朋友圈发了获奖学生的创意,是一个装修后多变功能的小户型住宅,童启华看到以后立刻给我电话,希望我引荐,甘其食要跟他们合作研发,希望把员工宿舍统一装修,让员工住得更舒适。

后来他还真的与浙大的学生签约了。做包子的都如此精细化地管理,这样的企业管理案例相信不会比"学不来"的海底捞火锅差。

我在一个做包子的人身上看到了"匠人精神",一如我们看到的网站、包子、器皿、门店装修等等外延,其实产品就是人品,服务更体现人品。

壹拾壹
路边摊的价值

"老杨肉夹馍"是良渚食街的"旗舰店",我每次带人来都会跟参观者讲述老杨的故事。老杨师傅 2008 年就在白鹭郡东小区门口推着小车卖肉夹馍,是良渚文化村名副其实的第一个商业。

老杨是山东人,儿子在杭州经营一家小贸易公司。儿子买了白鹭郡东的房子,老杨是第一批住进来的村民。老杨在家里闲着没事,就寻思着谋一份工作补贴家用,于是干起了肉夹馍的行当。

村民们在网上对于小区里的肉夹馍生意展开热议:有的村民说老杨不讲卫生,有碍观瞻,一手抓馍,一手收钱;有的村民说这才是"正宗",四川话叫作"苍蝇馆儿",而且下班回到小区,有一口热的东西吃也是很温暖的。

老杨后来一度做成了"游击队",成为"城管"追逐驱赶的目标,这个"城管"不是别人,就是万科物业。

走进梦想小镇

当时担任良渚项目的总经理叫王凯,大家叫他凯总,那时他也住在白鹭郡东。据说凯总喜欢吃老杨的肉夹馍。

我与凯总的工作交集不多。他是名副其实的"村干部",为了测试小区物业安保的服务,深夜带领一队工程师从后山摸黑翻小区的墙,幸好物业警报拉响,及时赶到。凯总这样的举动看似古怪,却有着老万科人的韧性。

2009 年在筹建食街的时候,万科就把老杨的路边摊给"收编"了,给他装修了门店,取名为"老杨肉夹馍",而老杨也成为我们食街的员工。

后来老杨还一直固守着"苍蝇馆"的经营思路。他有一个木头箱子,所有"宝贝"都锁在箱子里,谁也不许动。怀玉跟我说他打烊后把肉也锁在箱子里,有食品安全隐患。老杨拒绝任何人对箱子的主权进行粗暴的干涉。

再后来食街启动了市场化,老杨承包了店铺,成了名副其实的"老板"。老杨管理下的肉夹馍店为了省电都不开灯,夏天苍蝇多的时候也舍不得用灭蝇纸。他一手拿着苍蝇拍,一手夹着香烟在门口守着。

我路过看到就问他:"苍蝇拍比灭蝇纸好使吗?"

"诶,还是这个好!"

有一年肉价飞涨,老杨坚持不涨价,肥肉夹馍卖 5 块,瘦肉夹馍卖 6 块,我劝他可以考虑适当涨价,那时市区肉夹馍的价格已是 10 块。杨师傅说:"哪里好意思啊,都是街坊邻居,吃了这么多年我的肉夹馍,咱能坚持就坚持吧!"

后来有一段时间没看到老场,听说他身体出了点问题,不能长期在店里守着了。儿子小杨开始"子承父业",大展肉夹馍的宏图。

年轻人的做法就不一样了,极具互联网思维——肉夹馍在淘宝上开卖,注册了商标"食街老杨",还在靠近市区的社区开了分店,而这间良渚食街家老杨肉夹馍就成了"旗舰店"。

对社区自发形成的小商家和业主创业的需求进行挖掘、引导与培育,这样生长出来的业态才可持续,最终成为属于社区的特色品牌和百年老店故事。

我去年曾去台北转道花莲,出租车司机师傅热情地推荐我一定要尝一下"炸弹葱油饼",在官方地图上我也看到了推荐。我来到一个小巷子里,下巴差点掉下来,原来这就是一个街边早餐摊,30多人排队还要叫号。而所谓的"炸弹葱油饼",就是油炸葱油饼里面裹一个荷包蛋。

闲聊后才知道,这家炸弹葱油饼主人已做了六七十年,是名副其实的花莲商户"No. 1"。

所谓"敝帚自珍",再普通的东西,只要是自己的,都是值得珍惜的。炸弹葱油饼对花莲人是如此,老杨肉夹馍对良渚文化村也是如此。

> 对社区自发形成的小商家和业主创业的需求进行挖掘、引导与培育,这样生长出来的业态才可持续,最终成为属于社区的特色品牌和百年老店故事。

壹拾贰
小镇来了理发师

　　我因为一篇《都市快报》的报道——《小镇里来了理发师》,拜会了快报的记者魏奋,还在她的介绍下认识了这篇报道的主人——小郑和父亲老郑。

　　郑家来自扬州,所谓"腰缠十万贯,骑鹤下扬州"。老郑是扬州的老手艺师傅,大家都知道扬州闻名天下的有三把刀:剃头刀、修脚刀、菜刀。老郑师傅手上拿着的就是那把剃头刀。

　　理发师这篇报道说的是有个人在网络上替自己父亲叫卖,说父亲的剃头水平高,希望有人来光顾。于是记者魏奋敏锐地发现了这个店,便去到他家里,写了长长一篇报道,最让人感动的是那张理发师在社区里给人理发的照片,还有那一排排的手工理发工具。

　　值得称赞的是老郑师傅理发不但手艺高,收费也是童叟无欺:10块钱一次。后来父亲也定点请他剪头发,因为他会为出行不便的老人上门服务。

我之前也会想到美国电影《教父》，里面黑帮老大跟理发店师傅成为莫逆之交，因为你把自己的脖子和头放心地交给一个人打理，任凭他将剪刀和刮胡刀在你的颈动脉上游走。或许当今的工具发展已经没了那种理发带来的心跳，但是理发师与社区人的关系是相当有趣的。

其实，当时我特别希望可以给他们创造一个空间，恢复一间"老底子"（杭州话，指传统的）的理发店，这样孩子、老人都可以不去那些"杀马特"的理发店，不再有人在理发的时候跟你兜售充值卡，不再有人劝你烫头，这都是过度消费带来的怪病。

其实剃头就是简简单单地聊几句，或者打着瞌睡，享受信任就好。就像一部美国电影里说的：理发师汤姆给我爸爸剪了一辈子的头。

理发师是社区的一部分，是生活的一部分，更是记忆的一部分。

万科在招商的模式当中也有"五菜一汤"之说，这是知名的万科副总裁、跑者与创客毛大庆的总结，我深以为然，只因其中有一道社区的"菜"就是——理发店。

壹拾叁
植物园里的社区

有一次我们去剑桥探望在剑桥大学访问的王石主席,他专门带我们去看了彭布鲁克学院的花园,那是一个植物园。众所周知,英国是博物学发源地,达尔文提出进化论就是因为他从小酷爱博物学,尤其是动植物学。而王石主席也是一位植物分类学的爱好者,他的微博每天发的都是"花花草草",而且都有专业的分类。

一次我们去到法国的安纳西小镇,王石老板指着路边的一个植物问我和司机谭先生:"知道这是什么植物吗?"我们直摇头。他说:"这叫十大功劳,或者叫十大功劳根。为什么叫这个名字呢?因为这个植物浑身上下都是宝,都可以入药,所以说叫十大功劳。而且这是来自中国的植物,但是在西方却成了非常普遍的绿化植物,而且生长得异常茂密。我希望来自中国的留学生像这植物一样,为社会贡献价值,出生在中国,在国外生长得更好!"

一株普通的路边花草,一旦有了文化解读,就不再只是一抹清淡的绿色,而是蕴含了很多的道理。社区里的植物是最好的自然课堂。

受老板热爱植物的影响,我们曾经也考虑过把文化村的社区绿化以及五千亩山林做成"植物园",并且与浙江农林大学、杭州市植物园都接洽过,可惜没有成形。

倒是有一回主席来到良渚文化村,我给他讲了一个植物的故事:

母亲节到了,小时候老师总说要送妈妈一束康乃馨,"康乃馨"是代表母亲的花,可是很少人知道这是为什么。

"康乃馨"的学名叫香石竹,原产于欧洲南部的地中海地区。在20世纪初的美国费城,一个女孩为因为母亲的去世悲痛不已,并在衣襟上佩戴白色康乃馨,以示怀念。她开始奔走呼吁,并写信给当时很多有影响力的人,号召大家为母亲设立纪念日,并以康乃馨代表母亲。

她的坚持引发了全美国社会的关注,教会和有识之士也参与到呼吁的运动当中,教堂将5月的第二个礼拜日做为母亲的礼拜话题。当时知名作家马克·吐温也参与其中。不久美国国会便顺应民意通过法案,将这一天作为全美国的母亲节,康乃馨便与母亲一起成为主角,象征着伟大的母亲。

在中国古代人的生活当中,母亲的住所叫"北堂",《诗经》中说:"北堂幽暗,可以种萱"。古时候,母亲门前往往种有萱草,因为当游子要远行时,就会先在北堂种下萱草。母亲挂念远方的孩子时,看看萱草长得很健康,就代表孩子在外过得很好。

唐朝孟郊《游子诗》写道:"萱草生堂阶,游子行天涯。慈母倚堂门,不见萱草花。"萱草寄托着母亲对孩子的忧思。

中国古人表达对家庭祝愿的时候会说"椿萱并茂、兰桂齐芳",意思是父母双亲都平安健康,子孙荣华富贵。在我们的传统文化当中,椿树代表着父亲,萱草则代表着母亲,母亲的雅称就是"萱堂"。

萱草还有另一个名字——谖(xuān)草,谖是忘的意思,因此萱草也叫"忘忧草"。萱草在中医实践中的功效是疏肝解郁,清热利尿,有一剂中药叫"逍遥散",萱草是其中一味药,这与"忘忧草"的名称也十分相称。

有些萱草科的花朵还是可以食用的,并且与我们的日常生活非常密切,就是——黄花菜。

老板听到这哈哈大笑,旁边的朋友插科打诨道:"你这故事讲这么长,真是黄花菜都凉了啊!"

其实一株普通的路边花草,一旦有了文化解读,就不再只是一抹清淡的绿色,而是蕴含了很多的道理。社区里的植物是最好的自然课堂。

壹拾肆

阅读者是家书店

2013 年,我给绿城集团 300 位高管参访团讲良渚文化村的故事,在场的包括绿城房地产集团董事长宋卫平先生。我无意间抖了一个包袱,让在场的很多绿城人发笑,但是又不敢笑太大声,这就是阅读者书店的故事:

苏七七是豆瓣上小有名气的影评人、网络作家,是白鹭郡南的村民。她的丈夫叫阿波,做的是照明器材的生意,和苏七七一样瘦弱,夫妻俩很般配。苏七七找到我,说想在良渚文化村开一家书店,我也是对书店情有独钟,当然主动约见了这样的村民。

在一个下雨天,我们约好在春漫里见面,在看了一圈商铺之后,我们在望咖啡坐下来聊天。

我们从独立书店的生存状况聊到咖啡文学,我觉得他们不像是开店的商人,而是满怀理想和激情的文人。他们身上有一种再不疯狂就老了的冲动,最后他们思前想后,还是选择了一处最僻静的角落,我在 EBITDA 的指标内给了他们最优惠的租金,他们的书店取名叫"阅读者 café"。

他们本来住在绿城紫桂公寓,后来苏七七告诉我,因为他们开的这家书店,他们搬到了村里来住。

这个故事引起在座绿城高管一阵哄堂大笑,其实我不是有意奚落在场的老宋,但是,一个为了理想生活而迁徙的人是值得尊敬的,而一个为理想生活而迁居的命题,则是值得思考的。

以下是作家苏七七在豆瓣上写的书店招商那日的故事:

当我们在谈论一个咖啡书店时,我们在谈论什么?

2013 - 01 - 04 17: 51: 27 苏七七

(1)有一天我在看报,看到良渚春漫里商业街区在招商。

我就依着报上的电话打了一个过去,说我叫苏七七,我想开一个书店或者书吧,可以吗?

对方说我把你登记起来吧。

过了两天,有人给我打电话,问你是苏七七吗,我是万科招商部的沈某某,我们对你的想法很感兴趣。

然后我们就约了一天看看铺面。

(2)看铺面我得说动阿波一起去,因为阿波既是我的司机,也是我可能的投资人,他身兼马仔与老大两种身份,这两种身份他都有点不情不愿。说服一个宅男当马仔,跟说服一个老大让自己的女人出头去当个咖啡店老板娘,听着都是多么困难的事啊……

他被我磨缠得不行，陪我去公望会跟沈先生约谈。沈先生看着比我还小点，递过来的名片抬头很大，是招商部总经理。沈先生表示愿意支持我们的书店事业，还愿意给点租金优惠，阿波觉得沈先生是个不大张扬的青年才俊，对他胃口。我们闲聊了几句，在春漫里兜了一圈。房子刚刚盖好，公寓和商铺簇新而安静。阿波喜欢小广场东南角一个小位置。

（3）阿波说我们得好几年才能住到良渚去呢，你现在在那边开个店不是现实主义，而是浪漫主义。我说我从来都不浪漫主义呀，我永远现实主义，你有你苦逼的老陀和加缪，我永远爱我接着地气的巴尔扎克。

在与投资人的谈判陷入僵局时，我去找了"外挂"，我到良渚去和茗禅谈起这个事，让她当我的合伙人。茗禅是最完美不过的合伙人了，她有商业经验，她懂咖啡和茶，她还可以在店里弹琴吸引顾客……最重要的是，她也刚好没事干。一个工作，最好是路近钱多，这工作钱多是指不上了，能不白打工就不错了，但胜在离她家极近，然后呢，比较有意思。我们最坏的估计无非是一个客人也没有，那好歹也能看书呀，写东西呀，自己给自己做杯咖啡呀。但想想一个明亮、温暖，有书看、有网上，咖啡和茶不贵的地方，总有小猫几只想呆呆吧？

（4）茗禅答应加入后，阿波看到我找了一个如此靠谱的合伙人，有点松口了。然后我在圣诞节搞了次读书会，预演了下以后我们的咖啡书店可以定期举办的活动，活动非常成功，大家都很开心，最重要的是：大家都觉得茗禅和我开个咖啡书店很好啊，纷纷支持鼓励，连铁驴这样曾经的从业者也投了赞成票，反对票为0，终于，我的投资人决定注资，开启这一杭州重大文化项目啦！

阿波加入以后，项目就进入了迅速推进的阶段。我们给咖啡书店起了几个名字，最后老大很低调地推出他想的名字：阅读者café。得到了茗禅和我的共同拥戴。老大督促我们快快去把租约给签了，免得夜长梦多。

（5）昨天我们约了在世贸签约。刚好杭州下了一场大雪，瑞雪兆丰年啊！茗禅和我一边在车站被冻得哆哆嗦嗦，一边士气很高地自我鼓劲。

签约过程气氛融洽，茗禅非常耐心、非常温柔地谈价钱，小沈先生坚持了一会儿后，忽然弃城了，而且还主动给了我们一点折扣，我们大功告成，内心非常激动。

然后呢？梦想穿越到现实了，最难的穿过来的那一步实现了，然后我们发现，穿过来的不是梦想里的大美女的样子，她是一个口水嗒嗒的小婴儿，要吃要穿，要我们去照顾、去疼爱，我们给自己加了一副沉甸甸的担子呐。

可是我们在一点上达成了一致：天时地利人和时都不尝试一下，老了会后悔吧！

壹拾伍

深夜食堂

我问吴俊霖,他的店铺为什么叫"米多",他说米就代表钱,寓意着钱多。

这么财迷的一个名字,后来成为村里的深夜食堂,也是我没想到的事。最近安妮和奇爷一直在群里秀着新出的菜以及熟悉的笑颜。

最早米多是开在白鹭郡南一期的楼下,但是因为卫生问题,被迫迁到现在的春漫里新街坊。米多的老板娘谦善和蔼,他们刚刚开业的时候我去捧场,吃了一些简单的套餐和煎饺之类的点心,都很正宗,看得出老板娘做得很用心。临走的时候,她送给我一盒自己烤的糕点,这是她去香港学来的,也是自己的爱好。

老板娘的丈夫吴俊霖是五星级大饭店的行政总厨,也是我们食街的餐饮咨询顾问,在杭州餐饮界也算得上是号人物,据说最早在西湖边的一家餐馆烧面,江湖上人称"阿毛",很多媒体记者都去捧场。现在他开始玩古玩字画玉器收藏,同时作为资深"吃货"做餐饮总监。

一日吴总来找我,希望给她太太开一间店铺,因为他太太闲来无事,又热爱做菜,去香港茶餐厅学过半年,一直希望自己的手艺有用武之地。我看他有诚意,也有经营管理的资源,便放心把原来的宁波汤圆店给他经营,但是后来由于楼上住户联名投诉,说万科管理人员徇私枉法,把餐饮企业开到居民楼下,影响楼上住户的居住。我想住户的意见是大事,因此与他们协商搬到了现在的新街坊。

本来就是不为赚钱的店,搬迁也没有怨言,因为已经有不少忠实的粉丝追随。店里卖得最好的是港式面点炒饭,而我每次去都会点星洲炒饭。老板娘也会很热情地送我一些自己烤的曲奇作为礼物,我不好意思不收,只有笑纳了。

社区商业招商的时候其实不用太复杂,找那个你认为的灵魂人物就对了。

之前跟吴俊霖和大庆讨论某面馆为什么这么好吃的时候,大庆给我讲了一个秘诀:你去看他面里放了多少味精。杭州有一个味精的品牌——西湖味精,很多政府的领导都是吃西湖味精长大的,现在家里讲究了,做菜都放鸡精,而后来领导为什么喜欢吃我们烧的菜,是因为我们放了味精,领导吃出了童年的味道。

这是个有些极端的案例,其实有些喜爱烧菜的人,都是用心的。我与杭州法云安缦的兰轩中餐厅的厨师聊过他做菜的经验,他说:"做菜就像养兰花一样,要用心。"但是你要是问江南驿餐厅的老板兔子,她的回答就更有深意了:"我做菜就是为了赚钱,为了养家糊口。"

其实是不是叫作"深夜食堂"并不重要,重要的是社区里有没有一个爱烧菜、有个性的厨子。

　　社区商业招商的时候其实不用太复杂,找那个你认为的灵魂人物就对了。

壹拾陆
到酒吧找女神

西方有一句谚语——到教堂找老婆，到酒吧找女友。在良渚文化村的酒吧，你或许找不到"四姐妹"，但是你一定可以找到村里的"女神"。

安妮是最早一批住进阳光天际的村民，她也是新村民里面当之无愧的"村花女神"。她有不少爱好，也有很多身份：有时候是"派对女王"，组织各色有趣的派对，比方一炮而红的"旗袍趴"；有时也爱给自己的女儿琪琪画画，出过一本画册，后来还做了名叫 *Annexe* 的私人杂志；她还是村里"村田花花"乐队的主唱，总是唱一些难度极高的英文歌，其实也只是选秀水准，不过在村里可以说是跨界女王了。

安妮的先生老朱是一个聪颖过人且情商极高的人，朱先生自己经营着一家贸易公司，能"hold"住村花，是太太的"左右护法"。安妮在村里显得有些"招蜂引蝶"，而先生则是无处不在的护花使者。他自己是摄影器材爱好者，据说这也是受到邻居王群力老师的影响。

一日，安妮忽然给我发来微信，说希望找我聊聊。

村花相约，我便欣然前往，万万没有想到，丈夫朱先生也陪同她一起来，想来也很有趣。先生本来就是女神的护身符，更何况是找我这个"村干部"来谈生意的，当然要来帮衬。

夫妻二人非常爽快，直接把要求告诉了我。朱先生说想给太太开一间酒吧，帮她圆了这个梦想，而且连室内设计师也找好了，是一位德国人，也是他们的好朋友，并且向我保证一定会装修得很酷。在满足安妮的愿望的同时，他们也想给村民的伙伴们找一个聚会的根据地。

这些理由让我无法拒绝，我相信这将来会是北海道的"四姐妹居酒屋"。

在美剧 Friends 以及中国版的《爱情公寓》里，主人公们总是聚集在楼下的酒吧。

其实酒吧并非舶来品，早在大约 1000 年前的杭州，就有各种食肆酒肆。当时的杭州是世界的中心，是富丽华贵之城，有高达一百万人口，城市中餐饮业消费旺盛，催生了杭州周边酿酒业的发展，据说当时已经有上百种酒，这种酒都在酒肆中销售，还有小贩挑着担子叫卖。

按照马可·波罗的记载，由于江南地区农业发达，粮食丰富，多出来的粮食就用于酿酒，因此酒精的产量在经济史上是衡量社会富裕程度的标尺，酒吧越多的城市越富裕。马可·波罗说，杭州酿出来的米酒比他故乡用酸葡萄酿出来的酒（现在于我们而言是昂贵的葡萄酒），要好喝上百倍。

不知道现在那些拿着葡萄酒杯到处晃悠，成天讲求挂杯度和丹宁的人，听到马可·波罗的话会作何感想。强势的文化背景下产生的东西往往会被奉为美味，其实我最爱的还是台湾的金门高粱酒，有儿时长辈喝酒时的味道。

那时杭州的人比起爱喝酒的英国人有过之而无不及，任何时候都会喝酒。在英国，如果你晚上如果不去酒吧，那一定会被看作是外星人。

我在英国念书的时候跟三个英国人一起住，其中一个男生叫"旺"，是威尔士名字，比较古怪，但他的行为跟普通刚参加工作的英国男人无异。旺下午五点多一下班就往浴室里面冲，我问他怎么这个点洗澡，他说："我要去泡吧。"

酒吧文化深深地印刻在英国人的身上，似乎没有酒就无法生活。他们在酒吧里，有的打桌球，有的看足球，有的聊天，有的交友，其实酒吧就是一个社交空间，酒精是最好的融化陌生的液体。英国人对拿着一品脱（Pint 计量单位）啤酒在酒吧里晃感到无比的舒适，他们喝酒不像中国人喜欢干杯，往往都各喝各的，一个晚上端着一杯啤酒，也不见酒少下去。

英国人的酒吧文化的变态不但细分到年龄层，甚至有意识形态。一次我路过街角的一个酒吧，他们告诉我，那是英国保守党徒的聚会点，我顿时对这个酒吧投以膜拜的眼神，原来"物以类聚，人以群分"也体现在酒吧里。

还有一次，一位在台湾地区学新闻的哥们拉我同去挂彩虹旗的酒吧（同性恋在国外的标志是彩虹），他要做调查访问，而男女一起是不能进入的，只有男男才能进去。我没有跟他去，他只得自己一个人去。据说后来他在吧台被男人搭讪，也是奇特的经历。

因为喜欢酒文化，我给安妮他们找了一个余下的商铺里最好的地段。在春漫里的小巷子里，安妮选了最偏僻的那一个，找了几个村民一起凑份子开酒吧，现在流行的说法叫"众筹"。

很快酒吧就开出来了,叫 Coopers Bar,很酷的名字,立刻成为村民追捧的场所。不过很快我就接到了楼上的住户投诉。我把问题跟朱先生沟通,他倒是很通情达理,说在这里经营就要接受村民公约,也会与邻居处理好关系。

到最后,安妮夫妇与楼上的住户成了朋友,而 Coopers 酒吧也就成了晚上我推荐村里的"酒鬼"过夜生活的地方。

> 他们在酒吧里,有的打桌球,有的看足球,有的聊天,有的交友,其实酒吧就是一个社交空间,酒精是最好的融化陌生的液体。

壹拾柒
兔子进村记

我对于江南驿的记忆，最早是在 2004 年，那时江南驿还开在满觉陇。

朋友带我去江南驿吃饭，江南驿青年旅舍开在一个山坡上，里面就像是江湖里的饭馆，木头板凳的桌椅，老板娘是一个留着童花头的"女流氓"，语气粗俗，在跟客人插科打诨。有人跟我说她登上了珠峰，我投去羡慕的眼光，心想这样的女人能登上珠峰，或许我也可以。那时的我刚开始工作，还没读过王石的《道路与梦想》。

后来一次去应该是在 2011 年，中午划完赛艇，邵参谋带我们去景区"米西米西"(吃饭)，邵参出马几乎都是免费吃饭的，因为他在景区担任消防检查职务，总是会收到餐馆老板的特别招呼。后来邵参谋退伍，开了一家红酒西餐吧，又加入了江南驿，成了江南驿住宿业务的合伙人。这些都是后话。

中午到那里，老板给我们留了很好的位子，就在室外走廊上，我看着店铺招牌上挂着的马灯,还有门口塞满兰花印布垫子的饮马槽,拍了不少照片。兔子出来点菜,那个时候她应该还不认识我,邵参谋介绍我认识,我吃完饭听他们聊了好一会儿。

兔子就是一个爱叨叨和八卦的厨子,把房东的老妈怎样无理取闹想把他们赶出去,拿菜刀来砍她的经历给我们描述了一番。我顺手给了她一张我的名片,建议她把江南驿开到良渚文化村来。她直接回避了这个话题,当作没听见,让我好不失落。

那一次,我听她说王菲和薛之谦来她店里吃饭都要排队,她根本不买那些明星的账,到她店里吃饭就要守她的规矩。

再后来就是看到刊登在《都市周报》上的文章《再见,江湖》,打动我的是那一张照片,尽管店已经关了,但还是有那种江湖舍我其谁的霸气。巧的是,董事长王海光拿着《周报》找到我,说:不论多大代价,都要把这家店引进良渚文化村,这是可以代表杭州的餐厅。

于是乎我又找到了邵参谋,他说他尽管跟兔子很熟,但是江南驿有不止一个老板,另一个叫毛毛,而我们共同的朋友范范跟毛毛很熟悉,一起登过珠穆朗玛峰,是山友,说得上话。

我和范范从划赛艇开始成了很好的朋友,2011 年一起去波士顿参加过查尔斯划艇赛,当时我们住在一个房间,听他讲述过登珠峰的经历,那时看过生死的人。那晚我也喝了一点酒,见范范待人诚心低调,没有架子,于是便结交了这个朋友。范范听了我的需求,很乐意在当中做牵线人,约毛毛和兔子一起来村里看看,这就有了一个很好的开端。

可是当天来的时候,雨下得很大,毛毛居然开车走错了路,兔子一下车看到我便说:"我都到湖州吃个千张包了!"

兔子骂人不见脏字,这是对路远最大的讽刺。

那天我带他在良渚文化村四处都看了看,也没有提开店的事情,但是后来才知道,因为两个故事,她对良渚文化村留下了不错的印象:

第一个是白鹭郡西的别墅,她看了郡西别墅入户是门对门的,我告诉她这是新邻里型别墅,进门可以跟邻居打招呼,这让她很感动。

第二个是在餐馆村民食堂她看到的一个小动作:两个排队的村民,一个在前,一个在后,前面这个村民忘记带村民卡,于是找后面的人借,后面村民很爽快地借给了他,前面的村民一定要他留下家庭地址,回头把钱送过去,后面这个村民说:"大家都是邻居,抬头不见低头见,算了算了。"

兔子觉得这是她想要的邻里生活,于是决定在这里置业,也决定把店开在这里。

她一次告诉我,一个做厨子的总是有这个梦想:每天晚上在自己的餐厅里给客人们也是邻居们做菜,喝点小酒,喝到微醺,然后走路回家,日复一日地过这样的生活。

到 2012 年 8 月,刘肖和蓓雯都给了莫大的支持,我们总算是把江南驿的餐厅加青年旅社都签进良渚文化村了,而兔子也很快成了村民。再后来,兔子与合伙人毛毛分道扬镳,一个爱做菜,一个爱户外,村里江南驿餐厅的椒麻鸡似乎也少了几分辛辣鲜美的味道。而兔子也偏安于上天竺的店里,很少来村里调教他的厨师。

但愿以后还有机会可以实现她口里的社区厨子的生活。

每天晚上在自己的餐厅里给客人们也是邻居们做菜,喝点小酒,喝到微醺,然后走路回家,日复一日地过这样的生活。

壹 拾 捌

忍不住开了间青年旅舍

一次中国登山界传来噩耗,民间登山人士杨春风、饶剑峰在尼泊尔登山时被歹徒枪杀。第二天我见到毛毛,他不住地跟我讲:"我昨晚听到这个消息难过得一夜没睡,(我和他们)两个都是很好的朋友,饶剑峰当时和我一起登的珠峰,我脑子不住地在想,当时枪顶着他们脑袋的时候他们会想什么?"

毛毛是江南驿的合伙人之一,真名叫陈思齐,因为头发天生是卷的,毛发特异,因此叫作毛毛。

陈思齐可是大名鼎鼎,在杭州户外圈子算是一号人物:他是浙江第一个登顶珠穆朗玛峰的人,是中国首个无氧登顶卓奥友峰的人,也是杭州富阳飞伞运动的创立者之一。最惊人的是,很多人说在登山界,他有前世是藏族人的说法,这是指他高山适应能力超强。

毛毛经常被人误认为是和兔子开夫妻店,对于这个误会他已经习以为常了。

在杭州 2004 年首届动漫节以后,江南驿就开始被动漫节的记者追捧,不论是其特色的菜系还是叛逆的姿态,在餐饮圈内都是很特立独行的。和江南驿同时起家的还有绿茶和外婆家,后来这三者走上了不同的道路,后两者引入管理和资本越做越大,开进购物中心,开到北京、上海,甚至到后来听说要与江南驿合作。但是江南驿始终是个人的江湖,而江湖和人是无法复制的,这不是商业和管理的问题。

江南驿的菜烧得好,餐饮逐渐占了主导,而青年旅社慢慢消失,这时合伙人毛毛和兔子之间的平衡也发生了微妙的变化。毛毛与在厦门经营国际青年旅社的游莉结为连理,并且有了小孩。但是他对于驴友、户外和青年旅馆的心一直没有变。

毛毛在登山上也是经历过生死的人,因此他很少提起登山的经历,对商业登山也是比较避讳,因为他觉得登山就是自己的事情,做向导的事情责任太大,他做不好,他甚至说登顶珠峰的时候因为背负了《钱江晚报》旗帜的压力,所以没有尝试无氧登顶,而他当时感觉还是不错的,如果无氧登顶,又将是中国民间登山首次。

毛毛常说的一句话是:登山容易开店难。

他太太游莉是心怀青年旅舍梦想的老板娘,犀利且有能力,《忍不住开了间家庭旅馆》一书的作者,*Lonely Planet* 杂志推荐的厦门国际青年旅舍。她经营了 9 年的青年旅舍,把传播青年旅舍的文化作为自己的理想,我对青年旅舍的认识也是他们带给我的。

游莉邀请国际青年旅舍秘书长刘兆祥先生来到良渚,刘先生是香港人,早年在英国为国际青年旅舍工作,太太是英国教育部的公务员,夫妇退休后卖掉了在英国的房产,放弃英国轻松闲适的生活,来到中国开办青年旅舍,在云南昆明的一处叫作团结乡的偏僻农村,开始了他们清教徒式的生活。

刘先生到良渚来,给我们很多鼓励,告诉我们青年旅舍的理念是教育,是公益设施,万科可以做一家中国最环保的青年旅舍,而且旅舍的"爸爸妈妈"也很好,游莉和毛毛都是有经验和理想的人,不论在软件还是硬件上都将是一个最好的范例。

我们接受了刘先生的意见,跟公司总经理刘肖提案做"环保旅舍＋艺术民宿"的概念,他非常支持,不但追加了投资预算,更是对环保的定位大加赞赏。但这只是万里长征第一步。

为了做环保建筑改造,我们看了全国很多项目,包括在上海、杭州的号称LEED (Leadership in Energy and Environmental Design,一个评价绿色建筑的工具)白金级的项目、上海低碳酒店以及万科集团在东莞做的建筑研究中心,还看了很多住宅产业化的东西。

最后毛毛带我去深圳华侨城看了国际青年旅舍,我们发现:很多国内的环保建筑都是"为了环保而环保",没有真正体现环保的意义和价值,于是决定放弃那些"高大上"的标牌,用最朴素的想法来追求环保建筑。

最后这样的理念被董事长王石大加赞赏,说这是"低科技、低成本"的环保理念,是世界的潮流,看到建筑研究中心的技术在万科项目的配套商户里实现,他十分高兴。

后来,住在村里的来自法国的建筑师桑凡也加入到我们的项目当中,他按照法国环保部的设计原则,给我们提了不少建议:建筑的保温、通风、自然采光;材料使用的环保,如回收混凝土、回收木板材;环保设备的运用,比方说雨水收集、太阳能、中水回用;运营的环保,如能源监控系统、垃圾分类等,事无巨细,都要做到环保。

室内部分我们找的是杭州本土的设计师裴裔,他的作品极具灵性和禅意,同时对于材料的运用和一些创新点,也有自己独特的见解。

实施的时候真是道路漫长,装修一个青年旅舍比装修自己的家难太多,我陪着设计施工方一起去看过旧模板,也一起去看过老旧的软装材料,还有浙大设计的能源监控系统,在这个过程中自己也学到不少。我觉得这是我最倾注心力的配套之一,当然完成度上还是有些遗憾,或许是我过于理想化,很多创意的落地都遇到了问题。

不过在那段时间里,倾注心力追寻可能是不切实际的配套理想,或许就是将我们这些"蚂蚱"绑在一起的绳子。

最后好在有毛毛,算是把装修盯了下来,开业以后接的第一个团——德国国际青年旅舍协会的会长,他把中国的研讨会放在这里,因为这里已经成了中国最好的国际青年旅舍。

不过在那段时间里,倾注心力追寻可能是不切实际的配套理想,或许就是将我们这些"蚂蚱"绑在一起的绳子。

壹拾玖
服务者之家

第一次见到丹尼尔·李布斯金是 2010 年的夏天,那年我刚到良渚,接待办就是为了接待李布斯金先生而筹建的,当时他是以主席王石的朋友身份访问良渚文化村。

在参观电瓶车上李布斯金先生就说:他在这片土地突然有一种灵感,他希望在这里建一个剧场,一个连接过去和将来的建筑。他又说:"来了这里让人不想离开,这里的生活比外面慢两拍,路遇的行人就像在纽约街头遇到的人一样,只是他们不说英语。"

第二次见到丹尼尔是在 2013 年 9 月 19 日,他穿着一身黑色衬衫,脚上蹬着一双鳄鱼皮的皮鞋。陪同他的当然还有他深爱的妻子和伙伴——妮娜·李布斯金,妮娜已经成为他"灵魂的伴侣"和"他的另一半生命"。

我带丹尼尔参观了刚落成不久的 info 社区图书馆。我们聊到,他所做的美国世贸大厦重建项目的灵感来源是：一次他在咖啡馆喝咖啡，一缕阳光从窗户照到他的座位上，照着他的咖啡和纸巾。他想到大楼倒塌的那一刻，阳光是否也这样穿过大楼，洒在那些逝去的人身上，给他们以温暖和希望。因此他在咖啡馆的纸巾上画下了这个项目最初的草案，谁也不会想到这个项目的灵感是这样诞生的。

他的太太妮娜是个非常健谈的人，当然也是特别擅长在商界驰骋拼杀的女人。前一秒钟她还像一个老太太跟你唠嗑，后一秒钟马上转换到生意模式，把条件都摊出来，让你无法喘息。

她跟我聊了很多丹尼尔小时候的故事，比方说丹尼尔是家里最小的孩子，波兰沦陷以后他们举家逃难，先逃到西伯利亚，然后再从西伯利亚逃难到克罗地亚，而丹尼尔是在到克罗地亚的火车上出生的。小时候生活特别艰苦，但是丹尼尔是家里读书最好的孩子，钢琴也弹得格外好。在 40 岁的时候，丹尼尔决定要做一个建筑师，后来设计柏林犹太人大屠杀纪念馆让他一举成名。

我们起初为了让丹尼尔在杭州的行程不单调，还给丹尼尔在杭州安排了参观中国美院的参观行程，中国美院得知消息后马上决定由他们最重量级的两位人物出面接待——普利兹克奖得主建筑师王澍和院长许江。

下午我们如约到了美院，陪同丹尼尔参观的果然是王澍先生，见面地点在刚建成的美院会所——水岸山居。

我们到了水岸山居外，王澍的太太陆文宇出来迎接我们，同时特地告诉我们不要透露王澍老师的行踪，更不要发微博、微信，以免导致不必要的麻烦，因为王老师怕出名，跟很多人都说自己还在国外。

进去以后，王澍老师身穿黑色的无领 T 恤衫，在等候我们。在寒暄以后，王澍老师说带领丹尼尔看一下他的作品,走到一个露台时,王澍老师阐述了他的观点,他说很多建筑师都是站在建筑师的角度去设计建筑,他不是建筑师,而是一个艺术家。

丹尼尔说道,现在很多房子看起来都一样,因为都是电脑画出来的,他一眼就能看出来,而他至今也不会用电脑,都是手绘图纸,因为他觉得手绘才是一种创作,而电脑只是一种拼凑,把几个模块堆放在一起。

他们聊到了犹太人大屠杀纪念馆,王澍老师很喜欢丹尼尔的作品,专门组织美院的老师和学生去参观,去体会建筑的语言。

后来我们到了美院,见到了许江院长。许江老师在丹尼尔面前则显得谦逊有加。他说他很欣赏丹尼尔的建筑,尤其是大屠杀纪念馆,有一个角落由于参观完都没有找到,他还特别回去寻找那个空间。

许江说:"我喜欢画向日葵,是枯萎的向日葵,向日葵就代表着我们这一代人,我们的成长向着太阳,我们的枯萎却无人问津。"画向日葵也与犹太人有关系,许江特别提到了西蒙维斯塔尔写的关于犹太大屠杀的书《向日葵》,里面讲了每一个被杀害的犹太人坟墓的墓碑上画着一株向日葵。因此向日葵不但象征着生命,还象征着死亡。他特别把他编写的书送给丹尼尔。

最后,许江院长对李布斯金先生说:如果您的作品到杭州来,我希望把我的"葵"放在您的作品前,向您致敬!

后来刘肖曾邀请李布斯金先生在良渚文化艺术中心隔壁做一个"服务者之家",而丹尼尔对于设计给工人住的建筑也十分有兴趣与灵感,尽管最后方案没有实现,但是请建筑大师给低收入人群做一个住宅会不会又是一个好点子,只有等后来者去验证了。

致敬理想主义者

宋卫平先生称得上是杭州房产界的乔布斯，是最后的理想主义者。他与杭州万科的恩恩怨怨可以写一个很有趣的剧本。

起先是 2007 年万科到杭州，在业内掀起一阵小旋风。绿城当然也敞开胸襟欢迎这个全国房产业领跑企业，当时还放出话来：万科的员工只要愿意来绿城，来多少我们都要！

可见绿城当时对万科的管理和企业品牌也是十分推崇的。

可是当 2008 年房地产形势不景气时，万科却带头在杭州降价，推出"青年置业计划"，降价 20％～30％，在当时的杭州，房地产降价是不可想象的事情。于是万科获得了政府、媒体、同行的一致唾骂和排斥，不但办公室被业主砸毁，100 多名公安袖手旁观，房展会被政府劝退，房地产协会开会政府也不欢迎万科参加，几乎成了过街老鼠。

当然绿城当时日子也不好过，由于市场的波动，再加上降价风波，绿城的销售几近停滞，资金链险些断裂。宋卫平放出狠话：四季青降价怎么会影响杭州大厦的销售呢？

后来尽管风波平稳度过，绿城始终不依不饶地在公开场合奚落、打压万科，以至于一次在全国媒体见面会上说："要是绿城项目经理盖出万科这样的房子，就跳楼跳 N 次！"这句话激怒了万科，于是上海区域常务副总经理周俊庭空降到了杭州，目标只有一个：打败绿城。

周俊庭是工程出身，同时也有丰富的物业管理经验，在万科被誉为危机管理专家。他首次面对媒体以及宋卫平的挑衅，回答很坚决：万科将关注"品质"和"服务"。

其实周俊庭到杭州，背负着"打败绿城"的使命。

在周俊庭离任杭州万科总经理 1 年多以后，宋卫平带领 150 名高管在良渚召开会议，公开高调地学习良渚文化村。我认为这是最好的一个总结，像一次老对手之间对理想主义的致敬。

很多人会把这次"亲密接触"解读为宋卫平先生的胸怀或者万科的斐然成绩，但通过我接待时的切身体会，宋卫平先生真心觉得良渚代表着行业的未来，于是特地虚心来求教。

他最后感慨道："我希望万科走得快一些，这样可以带领我们整个行业有一个发展和进步；但是我又希望万科走得慢一点，给绿城一些赶超的机会。"

以下是宋卫平先生在参观良渚后的部分言论记录：

　　绿城这么多人过来开会，跟周俊庭有关系。有一次见到他，他去过很多绿城楼盘，在玫瑰园住过很多晚，他不客气地说这里那里好多毛病，然后说在良渚他做了什么。他本来是上海万科的物业总经理，由物业来做开发，有一部分想法发自他的内心，有一部分来自于做物业的经验，我认为这个人是物业里非常重要的人，但是好像发挥作用的余地不大。

　　如果万科所有楼盘，都有沈老板介绍的那么多内容，我看了杨章法也在，我们物业还是有很大差距，我们也看到良渚文化村有需要改进的地方，但是我们要拿放大镜看人家的优点，何况良渚的优点不用拿放大镜看。

　　后面的内容是参观考察，良渚文化村现在更重要的是属于住户，前面十年，后面还有十年，这里面有很多事情。我看到住户在里面的很多场景、很多故事，是万科的，更是村民的，这样一个脉络，成为杭州周边最有影响力的楼盘，生活品质、文化特征上有很多地方需要参照学习借鉴。

　　房产商是干什么的，是为了实现人们的居住理想的，对服务的衡量，产品品质最后构筑成生活品质，我们在客户的生活品质方面，还能做什么，还需要提升什么，我相信这次到良渚来开会，听听各位生活的缔造者的话，这个缔造者的主体当然是客户，和他们沟通。我们以前讲两个品质——产品品质和服务品质，最后的导向是生活品质，以前有三个和谐，这样一个实验体，可能包括绿城万科在内，类似良渚文化村这样的代表性可能会更好，我相信现在良渚文化村也造得不错，衷心希望这里是生活品质的样板，能够作为很好的榜样，能够持续发展，做得更好。十分感谢王海光，我们是好朋友，也是我们杭大毕业的，学哲学的，万科的种子和南都是有关联的，是由有历史文化文脉的人所奠定的。

万科如果把良渚现有的东西发扬光大，以万科在中国城市建设中的地位，它的作用就会大得多。如果万科可以做生活品质的营造者，它的影响力会比绿城大很多，销售额是我们的 2 倍，客户量是我们的 4 倍。如果万科把良渚文化村的文化精神作为开发的最重要内容，其他东西作为载体，万科就会成为伟大的开发商，非常感谢今天给我们参观学习可能性的各位同行，非常感谢。

第四章

社区、社群与城市化

良渚文化村的社区参与——迈向未来

在 2015 年夏天,一家英国设计事务所 JTP 发起面向 100 个村民的社区参与活动,以期待与向社区的人学习,并且给出社区未来走向的解决方案。我很早便收到了这个活动信息,便在微信上报了名。

由于我受到英国花园城市、生态城市理念熏陶已久,所以很好奇这群英国建筑师会给文化村开出什么样的"处方"。后来到了活动的前一天,组织者不知是有意还是无意没有通知到我,我也全然忘记了这回事。晚上在朋友圈看到活动宣传,于是第二天一早便奔过去,参加了半日的社区参与活动。

我作为小组讨论参与者,看到英国建筑师在墙上画满了社区的"梦想""问题""解决方案",这是英国人最为刻板与较真的思维方式,通过归纳与统计,分析出社区的"人"的需求,并且给出解决方案——JTP 事务所合伙人约翰·汤普逊将这个方案命名为"5000＋1"。5000 代表过去历史的辉煌,而 1 则代表今天的行动。

我把这部分结论放在这本书的"写在后面"第一节,其实想表达的是,这本书并不是结束,而是一种开始,一个立足今天的行动。

总结:行动方向

理想的居所

参与者感恩于能幸运地居住在良渚文化村——一个新的混合社区,有高度启发性和可持续性,有世界级的建筑设计,有优美的景观环境还有强凝聚力和执行力的社区。任何一个新的社区,都会产生一些需要解决的议题。这里有强烈的愿望让社区融合,共同解决这些议题,表现社区的灵魂和性格。

"我们不能仅依靠政府和万科,我们有自己的资源和人才。"

方便的交通

新的交通解决方式需要创造更好的、更可持续的平衡,让居民在文化村中行走,包括改进公共交通和自行车出行。特别需要提出的是,年轻人应该能够安全地在社区中骑自行车,包括能到达学校。在街道上停车是一个不断恶化的问题,需要一个杰出的解决方案,包括让人们能够自行遵守的规矩。

"我们大多数对现在的停车问题都不满意。"

社区服务设施

文化村中大多数的服务都是高质量的,而居民对于教育和医疗的服务尤为关注。现在小学的学位供不应求,参与者希望能够引入新的公立学校。许多参与者认为社区的医院过小,并且希望有更多与健康有关的服务。

亲子活动

多数的议论焦点落在建立一个新的社区幼儿园的需求,建立一个 3 岁以下儿童和家长的网络和服务,这可以由社区运营。

互动和休闲空间

现在在良渚文化村内已经有了一系列的设施,参与者希望能提供社区交流空间并为不同年龄段人群提供休闲的空间。特别是一些老年人可以下棋,父母可以带儿童玩耍的区域。

培育企业和学习的社区

参与者急切希望能为本地创业者提供更多发展机会,在文化村内提供就业和培训,那么居民就不需要去很远的地方上班。混合用地能够提高文化村的活力,并为所有人提供就业和培训机会。

生长中的景观

良渚文化村有高质量且美丽的景观,参与者认为可以尝试在社区中种植有机蔬菜水果。食物可以自由地分享,剩余的可以在本地市场售卖,所得资金用来支持这个活动。这个计划可以提高村内废物利用率,回收的有机垃圾还可以作为肥料。

激活公共空间

策划集市、节日和社区活动能有效地激活中心空间,强化文化村的特色,吸引消费者到本地的商店、餐厅和企业。

文化村的声音

这次社区参与行动和研讨会的首要主题是为了让社区的意见更好地表达并承担更大的作用。社区应与政府和万科合作,解决存在的问题。随着时间的推移,通过建立村工作组和相关的社会企业,社区可以开始承担塑造和管理一个美丽、包容和开放的社区的责任。

"我们有一个令人神往的美丽的历史。作为社区我们现在有机会塑造我们自己的将来,并将我们的资源与社区之外的人们分享。"

行动计划

第一步:1 周

• 参加人员传播本次社区参与规划的成果

• JTP 建议在万科认可的情况下,准备一份总结性文件与社区共享

• 开始组建良渚文化村社区发展筹备委员会

第二步:1 个月

• 建立良渚文化村社区发展筹备委员会

• 建立兴趣组微信群

• 与其他的国内和国际社区组织交流学习,例如英国知名的社区网 Transition Towns,以社区有机生态农业闻名的 Incredible Edible, 国际慢城联盟(Slow Town)亲子活动信息交流网络(For Sanity's Sake)

第三步:3 个月

• 建立 5000＋1 良渚文化村社区网站

• 确定 5000＋1 良渚社区自治委员会的架构和职能范围

• 第一次 5000＋1 文化村公共论坛(村民开放会议),议题包括确定志愿者、确定行动小组成员,例如联系对接、亲子、交通、教育和健康、生态农业、集市和活动

• 开始修订 5000＋1 村民公约

第四步：6 个月

• 每月的集市开始形成

• 开展星期天自行车日的活动

• 开展社区种植日活动

• 第二次 5000＋1 文化村公共论坛＋国际盛会,包括：正式成立良渚文化村社区自治委员会,5000＋1 版村民公约的诞生,各行动小组进展汇报

中国的社群发展与基层民主创新

Community 这个词最早出现于 20 世纪 30 年代初,费孝通先生在翻译德国社会学家滕尼斯的著作《社区与社会》(*Community and Society* 著于 1887 年)时,把 community 翻译为社区,有两层含义:共同的和区域的。后来被许多国内学者引用,并逐渐沿用至今。在美国的社会学中,社区学占有极为重要的地位。

当今中国迈入改革发展的深水区,在开始又一轮新型城镇化进程的今天,国家的管理者和民众都在寻求美丽中国、和谐社会,而和谐的社会最小单元是"社区",基层民主创新从何而来?在良渚文化村这个由全国乃至全世界、全宇宙规模最大开发商——万科开发的社群里,究竟发生着什么,引起了如此多的关注?

很多慕名前来参观的人来都表示不解,为何一个远郊的小区的人称呼他们"村民"而不是"居民"?在一个没有连接城市的快速干道、政府医疗教育配套的社区里,村民们过着"当代桃花源"一般的生活,而这样的生活场景又感染着到这里来的每一个人,发出"世外桃源""乌托邦""就像到了国外一样"的感叹,接着举家搬迁住下来,甚至有的村民放弃与儿女一起移民国外的机会,说村里的生活比国外的好。

从房地产开发的商业角度而言,良渚文化村无疑也是房地产业的盆满钵满的"神话"。良渚文化村 2004 年以 4000 元 /平方米的价格入市,近年来尽管房地产走势有起伏,周边的小区还在卖 8000 元 /平方米的时候,为什么良渚文化村可以卖到 16000 元 /平方米的价格,高于周边市场 30%～50%?

2015 年 8 月,因足球打假和品质追求著称的"文人"绿城集团董事长宋卫平对良渚文化村赞誉有加,亲自率领全国城市公司 150 位高管来良渚文化村学习交流,而后提出了绿城要在全国的"园区服务"和"理想小镇"的转型战略,而他在文化村又发出了哪些感慨?

至今,全国排名前二十的房地产开发商都来过良渚文化村参观访问,都想一探究竟,有的看村民食堂、菜场的配套建设运营,有的看社区商业,有的看文化建设,有的看养老住宅,套用一句话就是"一百人眼中有一百个良渚",很多人都会用自己的经验和认识去"解构"良渚,而真正得其"法"甚至是了解其"道"的又有几个呢?

良渚文化村近年不乏世界级的建筑师的身影:大卫·奇布菲尔德(英国)、安藤忠雄(日本)、丹尼尔·李布斯金(美国)都在这里留下作品,而王澍(中国)、承孝相(韩国)、保罗·安德鲁(法国)、石山修武(日本)都来到良渚,他们为何在这汇集?

良渚文化村是一个被"光环化"的项目,而"光环"的背后又发生了怎样的

走进梦想小镇

故事？

很多人来文化村参观，都提出了类似的疑问：你们是怎么做到的？这里发生了什么？

这些问题希望在本书当中都可以得到答案。

我想通过记录这个中国梦想小镇生长的故事，期望得到更多人的共鸣与参与，你或许可以从中获得生活的感悟和经验，或许可以从中找到中国社区建设的参照系，或许可以为自己的小区点亮生活的激情，或许可以为你正在开发的项目提供启发，或许政府人员可以找到基层民间建设的创新示范。

衷心地希望中国越来越多地方可以像梦想小镇一样，成为和谐社区、美好家园，祝福我们的祖国。

新型城镇化的三碗面

不管是城市化还是城镇化，英文都叫作 urbanization，城市提供的发达便利的现代化生活造就了城乡的差异，形成人口的迁徙和流动，贫穷的人怀揣生活的梦想来城市打工，造成了城市人口的聚集和膨胀，城市人越来越多，当然要解决居住、生活、消费、娱乐、教育、医疗等等的需求，于是乎 urban 便成了一个进行时的动词。聪明的人在这里创业，勤劳的人在这里工作，老人小孩在这里生活。城市化是一个全球的课题，如何做到有序和合理的城市化是我们如今面临的社会问题。

新型城镇化跟我们的生活有关系吗？我们或许是一个"被城镇化"的小区，其实我们做的很多工作都与城镇化扯不上关系。

我想到了良渚文化村的村民派对女王——安妮，最近出了一本杂志 *Annexe*，而国父孙中山先生说过，民生就五件事："吃穿住行和印刷"，我觉得我们已然超越了马斯洛需求的基础层面,直接进入个人实现的层面,从中国人亘古不变的主题——"吃"穿越到了"印刷"。

成为中国文艺复兴行动的"五四运动"的号角《新青年》,1915 年 9 月 15 日在上海创刊,最初叫作《青年杂志》,1916 年 9 月 1 日出版第二卷第一号改名为《新青年》。因此印刷和中国文化运动的先驱如陈独秀、李大钊、鲁迅、胡适等人有关系。而安妮,一个赋闲在家的家庭主妇办的杂志确实无法和这些文化大家相提并论,但也却是中国社区的一种小小的进步。

此前我曾经做过一个关于"拉面和新城镇化"的演讲。

村里有三个关于面的故事:"村民食堂的拌面""新街坊的牛耳面馆""生日里的一碗长寿面",或许大家从这三碗面的故事可以看出城镇化的"标杆"是如何做的。

村民食堂开业已经三年多,烧饼油条名声远播海外,2015 年米兰世博会上,良渚文化村的村民食堂代表中国在米兰展示中国社区食堂。而我们的营运团队在想下一个社区居民生活的需求在哪里,我们找到了杭州人早餐爱吃的"拌面",配上一碗"葱花紫菜汤",这也是杭州人的传统。每天限量提供,卖完为止,也受到不少村民的好评。

这是我们讲的"配套服务",社区建设和服务者要在这里提供满足客户期望的基本生活需求,比如一碗早餐的拌面。

新街坊是 2013 年中旬开出来的商业街,现在的经营应该说是差强人意,受入住率不高影响,但是也不乏特色的小店。这里有一个"牛耳面馆",据说是老板村民闲来无事,因自己喜爱吃面就开了这家店,结果受到村民热捧,甚至很多人出门在外都惦记着回去要吃一碗，按照互联网的标准绝对是做到了"客户尖叫"。甚至在过年的时候老板要回老家休息，食客也呼吁老板不要回家，继续在这里营业。

这是我们讲的"商业服务"，社区建设者要给社区的人提供在社区里创业的平台，让有人情味的商店开在这里，给邻居提供社区的服务。

前些日子我们一位同事过生日，我想给同事送点什么呢？后来我便想到了我们讲的"生日的一碗长寿面"。小时候过生日的时候，邻居都会送来祝福，敲门送来一碗热腾腾的长寿面，这是儿时邻里的记忆，也是人情社会的缩影。于是我就给这位同事送去了一碗长寿面，还好我们的食堂距离小区不远，面送到时还算可口。事后，同事太太特地发来感谢短信，说一家人都吃得很饱。

这就是我们讲的"邻里关系建设"，一个好城市之所以有灵魂，因为这里有人，有关爱，培养邻里之间的交流氛围，构建熟人社会，这是一个社群和共同体的开始。

城镇有了活力，城市化的进程中就会出现很多像我们社区一样的"中国城市化诗意的表达"了。

图书在版编目(CIP)数据

走进梦想小镇 / 沈老板著. —杭州：浙江大学出版社，2016.8

ISBN 978-7-308-15956-2

Ⅰ.①走… Ⅱ.①沈… Ⅲ.①城市化—建设—研究—杭州市 Ⅳ.①F299.231

中国版本图书馆 CIP 数据核字（2016）第 131679 号

走进梦想小镇

沈老板　著

策　　划	杭州蓝狮子文化创意有限公司	
责任编辑	杨　茜	
责任校对	杨利军	
出版发行	浙江大学出版社	
	（杭州市天目山路 148 号　邮政编码 310007）	
	（网址：http://www.zjupress.com）	
排　　版	杭州林智广告有限公司	
印　　刷	杭州钱江彩色印务有限公司	
开　　本	710mm×1000mm　1/16	
印　　张	16.75	
插　　页	6	
字　　数	197 千	
版 印 次	2016 年 8 月第 1 版　2016 年 8 月第 1 次印刷	
书　　号	ISBN 978-7-308-15956-2	
定　　价	45.00 元	